療術から宗教へ

――世界救世教の教団組織論的研究――

隈元正樹

ハーベスト社

療術から宗教へ

＊

目　次

序章　問題の所在……………………………………………………… 7
　　1　研究目的と方法………………………………………………… 9
　　2　先行研究と課題設定…………………………………………… 10
　　3　本書の構成……………………………………………………… 22
　　　　註…………………………………………………………………… 23

第1章　対象教団・世界救世教の概要と教義……………………… 29
　　1-1　歴史と現況…………………………………………………… 29
　　1-2　教祖…………………………………………………………… 31
　　1-3　教義…………………………………………………………… 36
　　小括………………………………………………………………… 45
　　　　註…………………………………………………………………… 46

第2章　療術系新宗教としての世界救世教………………………… 55
　　2-1　背景としての霊術ブーム…………………………………… 55
　　2-2　日本近代霊術史における世界救世教……………………… 57
　　2-3　療術系新宗教の他の事例…………………………………… 60
　　小括………………………………………………………………… 69
　　　　註…………………………………………………………………… 70

第3章　療術ネットワークの段階…………………………………… 77
　　3-1　宗教統制下の活動──療術ネットワークの形成………… 77
　　3-2　戦後の再組織化──療術から療術系新宗教へ…………… 83
　　小括………………………………………………………………… 88
　　　　註…………………………………………………………………… 89

目 次

第4章 教団統合の模索——系統制と一元制……… 97
  4-1 世界救世教の教勢……… 98
  4-2 世界救世教（メシヤ）の成立……… 101
  4-3 教団一元化の展開……… 107
  小括……… 117
    註……… 118

第5章 イエモト推戴的連合教団の形成……… 125
  5-1 教団一元化の破綻（1980-1997）……… 125
  5-2 再統合の模索（1997〜）……… 135
  小括……… 140
    註……… 141

結章 要約と結論……… 145

  巻末資料……… 153

  参考文献……… 173

  あとがき……… 187

  索引……… 190

序章
問題の所在

　本研究は、病気治しの秘儀をとりわけ重視する宗教（以降は「療術系宗教」と呼ぶ）の組織社会学的研究である。日本の新宗教[1]である世界救世教[2]を事例として、複数の中間組織が宗教的宗家[3]を共に戴きつつ、協働して教団運営にあたる「イエモト推戴的連合教団」という組織モデルを新たに提出し、その成立要因と構造的特徴を明らかにする[4]。

　「療術系宗教」というと、読者は一見奇異に思われるかもしれない。というのは「療術」は、「宗教」(religion)と類似しつつも異質の「呪術」(magic)を連想させるからである。呪術は、日本において一般的に「現世利益」と呼ばれる病気治しのような世俗社会内における欲求充足を目的とした「技術」(technique)を指す。欧米の人文社会科学の伝統において、呪術は宗教と区別されてきた。古典期の社会学者・デュルケーム（Durkheim, É.）はその代表者の一人である。彼は「本来的に宗教的な信念は、常に特定の集合体――これらの信念への賛同を公言し、これらの信念と関連する儀礼を実践することを公言している――に共通である」、「それらは集合体のものであり、その統一を形作っている」[Durkheim 1912=2014 上：90]と述べ、宗教は「その構成員が、聖なる世界、ならびに俗なる世界に対する関係を同じように表象するがゆえに、またこの共通の表象を同一の実践において表現するがゆえに結びつけられているような社会」すなわち「教会Église」を常にもつという［同上］。一方、彼は、呪術について「呪術的教会なるものは存在しない」といい、「それらの信念は、結果的に、これを支持する人びとを相互に結びつけず、同一の生活を営む同一の集団に彼らを集結させはしない」、「呪術師がもっているのは教会ではなく顧客なのである。そして彼の顧客は、自分たちの

あいだではいかなる関係も結ばず、相互に面識がない」「それは病人とその医師との関係にまったく似ている」［同上：91-92］と述べている[5]。

　デュルケーム流の、教会（教団組織）をもつ宗教とそれをもたない呪術の区別は、その社会的存在形態に注目したものであった。しかし、また別の観点から、すなわち、それらの内包する論理に着目して、両者を峻別する態度は、西欧キリスト教世界において広くみられる考え方である。その嚆矢は、人類学者のフレイザー（Frazer, J.G.）であろう。彼によれば、呪術は科学と同様に因果関係に基づいて世界を把握し、現象を統御しようとするが、それは「誤認」「誤適用」「非合理」とされる。一方、宗教については「自然の運行と人間の生命の動きに命令しそれを支配すると信ぜられる超人間的な諸々の力に対する宥和または慰撫」と述べている［Frazer 1925=1966: 129］。同じく人類学者のマリノフスキー（Malinowski, B.）は、「呪術は後に続くと期待される特定の目的に対する手段以外の何物でもない行為からなる実用的な技術である。一方、宗教はそれ自体が目的の充足であるような自己完結的な行為の集まりである」［Malinowski 1948=1997: 117］と述べた。社会学者のヴェーバー（Weber, M.）もまた、呪術を、神仏などの「超感性的諸力」に対して人間が何らかの呪的な手段をもって作用を及ぼし、これに人間に役立つ働きを強制すること（「神強制」）、宗教を、人間がもっぱら神仏の超越的な力に服してただ祈願、供儀、崇拝を行うこと（「神礼拝」）と述べた［Weber1922=1976: 35-39］。

　宗教と呪術を峻別する以上のような態度は、歴史学者のK・トマス（Thomas, K.）が明らかにしたように、宗教改革以後の西洋キリスト教世界における魔術の衰退・駆逐の過程を背景としているのは明らかである［Thomas 1971, 1980=1993］[6]。ヴェーバーが、古代ユダヤ教にはじまってプロテスタントに至るユダヤ・キリスト教史を、世界の「呪術からの解放 Entzauberung der Welt」の過程として描いたのは、あまりにも有名である［Weber 1920=1989: 157］。しかし、もちろん、欧米においても、呪術や呪術的な宗教（以下、呪的宗教と記す）が全くなくなったわけではない。キリスト教の教会が、公式に魔術を禁止した後も、特に農村などの信徒の間には、現世

利益的な祈祷（呪術）がしばしば行われたし［Thomas 1971, 1980=1993］、呪的宗教は、主流派のチャーチ church [7] から分離した集団であるセクト sect [8] やカルト cult [9] の一部にみられるのである。

　日本の宗教史においては、神道の各種祈願、密教系の仏教や修験の祈祷、民間信仰など、現世利益獲得の実践はしばしばみられた［日本佛教研究会編 1970］。また新宗教においては、生命主義的救済観 [10] を媒介として、救済と現世利益が矛盾なく結びついている。それでは、デュルケームの述べた「教会」の問題は、日本の新宗教においてどのように克服されているのか。デュルケームの説が真ならば、呪的宗教においては、独特の組織論的課題があるのではないかと思われる。

1　研究目的と方法

　呪的宗教の教団組織論的研究は、これまで充分に行なわれてきたとは言い難い。本書は、日本の新宗教の中でも特に呪的要素の強い療術系宗教である世界救世教を事例とし、教義、儀礼と組織構造の関連を分析する。このような研究を通して、宗教と呪術の組織論的問題に新たな光を当てることになろう。

　本研究の方法は、教団刊行物と機関紙誌、教団内部資料、一般書籍・雑誌の分析、および2003年から断続的に行なってきた聴き取り調査などに基づいて、世界救世教の教団史を宗教運動論ないし教団組織論の観点から分析する、というものである。聴き取り調査は、互いに対立しつつも現在の世界救世教（包括宗教法人）を構成している３つの教団（被包括宗教法人）の信者に対して行なった [11]。すなわち、世界救世教いづのめ教団の関係者からは2003年来、面談、電話等を含めて複数回行なっており、同様にして、東方之光教団からは2005年の春に、面談で理事（当時）から２〜３時間程、また世界救世教主之光教団からは2011年12月と2012年12月、面談で、理事（当時）から２〜３時間程それぞれ行なった。これらには互いに主張の異なる点

もあるため、聴き取りはあくまで補足的に用いた。したがって、聴き取りの内容そのものは、本文中ではそれほど言及されていないが、文中に掲載した資料の探索や活用の際に大いに参考にした。

また、元〈救世教〉教団専従者S氏の日記（『明日への道』）と手記（『随想』）を平行して用いた。S氏は、第二次世界大戦直後から教団専従となり、管長秘書、総務部長などを勤めた人物である。同氏は、布教や教会活動というより、教団本部の事務を担ってきた人物で、既に鬼籍に入っているが、大学ノート数十冊に及ぶ膨大な日記と手記を残した。これらの内容は、他の資料等と照合した結果、事実関係はかなり信頼して良いように考えられた。もちろん、なかには個人的見解や感情も含まれるが、注意を怠らないならば、個人の立場で、教団史が主観的にどのように生きられたのかについて、理解する有力な手掛かりになるだろう。

2　先行研究と課題設定

（1）宗教と呪術

デュルケームは、教会の有無による先述の宗教と呪術の区別から始まって、あの有名な「宗教とは社会そのもの」という結論に至る。彼の宗教の定義は、その図式的明快さもあって、今日まで重要な指摘として引き継がれている［McGuire 2002=2008: 294–297］。しかし、当然、批判もあった。それは、デュルケームの宗教の定義について、その社会性を強調しすぎているということである。その代表的批判の一つは、マリノフスキーによってなされた。マリノフスキーの批判の要点は、以下の4つである。①宗教体験の重要な部分が個人的に経験されていること、②社会的経験（集合的沸騰）が必ずしも常に宗教的信仰を醸成させるわけでもなく、全く世俗的なものも多いこと、③社会の伝統・文化には聖俗両面があること、④社会を神として擬人化したり実体化するような理解は、社会科学の正統な手続きを踏まえたものでなく飛躍があること、である［Malinowski 1948=1997: 71–77］。

ただし、マリノフスキー自身も、宗教と社会の同一視についてはそれを慎重に退けながらも、宗教の社会的性格は認めている。たとえば彼は、とりわけ宗教的とされる死の儀礼について、「死後も魂は生き続けるという未開人の救済信仰は、はじめから個人の心の中にあるものであり社会が創り出したものではない。通常『自己保存の本能』として知られる数々の生得的な性向の全てが、この信仰の根本にある」［同上：80］としながらも、「一方の信仰の実行に必要な唯一の方法としての社会的な協力と、他方の信仰（あるいは、社会の自己啓示）の創造との間の区別は、はっきりつけておかなければならない。共同体は数多くの確固たる真実を示し、その成員に対して道徳的な慰めを与えるが、共同体自身が神性をもっているという曖昧で中身のない主張をすることはない」「公共性は方法の問題であるのに対して、教えられる内容は社会が発明したものではなく個人の中に存在している」［同上：82-83］と述べる。すなわち彼は、宗教は社会そのものではないが（個人の性向の中に由来する）、社会がそれを保証し実行するというように考えている。

　デュルケームとマリノフスキーの宗教理解の微妙な違いの一部は、前者が宗教を分析的に定義しようとしているのに対して、後者がそれを実体的に定義しようとしていることに由来しているように思われる。この点については、究極的関心を扱う宗教(12)と実利的な問題解決にとどまる呪術を内容的に区別しつつ、両者の現実的な連続性を認めようとするインガー（Yinger, M.）の定義においても、まったく同じ問題がある。インガーは、「第一に、宗教と呪術とを別々に定義し、次に具体的な社会体系の中での両者の関係——種々の社会における宗教呪術複合（the religiomagical complexes）——を叙述すること」が必要であると述べている［Yinger 1970=1989: 139］。

　また、異なる観点からは、デュルケームの宗教論が「未開社会」の宗教理解を歴史的宗教と無媒介的に結びつけていることへの批判がある。この背景には、デュルケームの研究が、主にオーストラリア部族社会のトーテミズム（Totemism）(13)を中心として、いわゆる「未開宗教」の研究の域を出なかったということがある。この点、古代宗教から近代の宗教まで、しかも世界の広範囲の宗教を対象化し、宗教の比較分析やその動態の解明を行ったヴェーバ

ーとは対照的である［小笠原1986: 40-42］。

　日本においても、古代の鎮護国家的仏教から鎌倉期以降の個人救済の強調への展開や、近代における国家神道と教派神道（新宗教を含む）の棲み分けなど、宗教の歴史的展開、多様な宗教形態・連関が見られる。

　マリノフスキーは、宗教の個人性を指摘したが、同様にして、呪術にも社会性がみられる。雨乞いの儀礼、中華文化圏の風水思想の一部などは個人救済というよりも、部族や地域社会の共同祭祀である。いずれにせよ、デュルケームの定義は、現実の複雑な宗教現象を記述するにあたっては、不十分であると言わざるを得ない。したがって本研究では、デュルケームの宗教―呪術の分析的定義を批判的に継承しつつ、日本における宗教呪術複合の実体解明へと進めていく。

(2) 呪的宗教

　現実社会の宗教呪術複合は、社会現象としての呪的宗教となって現れる。呪的宗教とは、現世利益をもたらす呪術的実践（秘儀）を重視しつつも、それを一定の形而上学的教義[14]で意味付け、かつデュルケームのいう「教会」（教団組織）を構成する宗教である。それでは呪的宗教の構造をみていこう。

　セクト（教派）論で有名なB・ウィルソン（Wilson, B.）は、その下位カテゴリーの中にマニピュレーショニスト派（manipurationist sect、操作派）という類型をおき、その特徴を、「超自然的そしてしばしば秘儀的もしくは秘術的手段を使用することによって、利益のために現世が操作され得る」と考え、それを救済と捉えることにあるという［Wilson 1970=1972: 48］。このようなセクトとしてはクリスチャン・サイエンス、神智学協会、サイエントロジー[15]などが取り上げられているが、いずれも病気治しと密接に関わり、メンバーシップも緩やかである。ちなみに、これらの運動は、病気治しを出発点として、後に宇宙論的な世界観でそれを体系化している。これらは欧米における呪的宗教の事例である。

　ウィルソンはまた、日本の新宗教はマニピュレーション派に近いと述べている［同上: 268-277］。呪的宗教は、日本の研究においては霊術系宗教と呼ば

れてきた。

　日本新宗教の宗教様式論[16]として、本研究にとり重要な類型の一つは、西山茂による「信の宗教」「術の宗教」類型である［西山1988］。「術の宗教」＝霊術系宗教は、第２章で詳述するように、明治以降、大正期に隆盛を極めた日本社会における霊術ブームを背景としている［井村1984］。西山は、霊術系宗教（「術の宗教」）を、「操霊によって神霊的な世界と直接的に交流することを重視する」宗教と定義し、「創唱系または教典系の新宗教であって、ともに教義信条に重点をおいた「信の宗教」」と対比している［西山1988: 177］[17]。本研究の対象である〈救世教〉も、このような霊術系宗教の系譜にある。

　寺田喜朗と塚田穂高は、これまでの日本の新宗教研究における教団類型論を整理し、新たに「テクスト教団」（さらに「伝統テクスト型」「習合テクスト型」に分かれる）、「霊能教団」（さらに「信徒分有型」「指導者集中型」に分かれる）の類型を設定した［寺田・塚田2007］。この類型は、「宗教的権威の源泉の存在形態」［同上: 11］に着目し、それぞれの運動論的課題や、類型間移行のパターンを理論的に考察したところに特徴がある。本研究の研究対象である〈救世教〉は、この類型に照らすと霊能・信徒分有型[18]となる。

　したがって、寺田と塚田によれば、日本宗教とりわけ霊術系宗教もまた様々なタイプがあり、一枚岩に論じることは出来ない。例えば真如苑[19]のように、霊術（霊能）を重視しつつも、それが本部によって慎重に統制されている場合がある。一方、〈救世教〉の場合、霊術（浄霊）の行使は信者になりさえすれば、誰でも行える。テクスト教団（「信の宗教」）のように教えが正統とされるテクスト（とその解釈）に依存していたり、霊術を用いても、それが慎重に統制されている場合、信仰中枢に信者を糾合する力が働くため、組織化（特に中央集権化）はそれほど困難ではないであろう。より困難をはらむのは、霊術の行使が開かれている霊能・信徒分有型の場合である。

　それでは、なぜ、呪的宗教に様々なタイプが存在するのだろうか。それは霊術の多様性に一因があろう。そこで、筆者なりに、霊術の下位分類を行いたい。霊術には、催眠術や降霊術のように超自然的存在の実在を証明した

り、研究することを第一義的目的とする「探求型」、神仏や霊的世界からのメッセージを受け、それによって現実問題の解決につなげていく「シャーマン型」、霊的存在への働きかけや操作によって、直接的に問題解決を図ろうとする「療術型」がある。「探求型」は、そもそも集団性に乏しく、それのみによっては宗教（霊術的宗教）として存立しがたい。典型的には、心霊研究やスピリチュアリティのような個人的なネットワークを形成する。「シャーマン型」は、イタコやユタといった日本の民俗信仰に見られるような独立／分散的在り方もあるが、真如苑のように霊術の発動の場を統一的に操作する（「真如霊界」と呼ばれる教団内に閉じられた独自の世界観による限定や、「接心」と呼ばれる秘儀の実施を教団施設内に限定し、信者が自由に行なえないようにする）ことによってコントロールすることも可能である。一番問題をはらむのは、「療術型」であって、秘儀が「技術」的に伝達されうるので、ややもすると医者と患者（client）のように一時的・非集団的関係となり、組織化するのに困難をともなう。療術型にも、相対的に開放度の高いものと低いものがあるが、本研究の対象である〈救世教〉は、開放度の高い療術系宗教である。

　ここで、単なる霊術（呪術）と霊術系宗教の相違について、整理しておこう。

　井村宏次が明らかにしているように、日本近代の「霊術家」と呼ばれた者の多くは、「神も霊も信じていなかった」し、「霊術は、唯心主義にもとづく〈物質操作技術〉」であった［井村1984: 305-306］。これは、欧米において呪術と呼ばれたものに近い。フレイザーによれば、呪術においては「人格的存在の感情や気まぐれによることなく、機械的に働いている普遍の法則によって自然の運行が決定される」［Frazer 1925=1966: 131］と考えられている。霊術、霊術系宗教いずれも、操作の対象として、霊的なものが前提とされるが、前者においてはそれは「心的作用の一つ」［井村1984: 306］とみなされ、後者においてはそれは本質的なものとは考えられていない[20]。

　宗教においては、当然、神仏や霊的存在を前提とする。このような宗教と呪術の関係は、B・ウィルソンのマニュピレーショニスト派のセクトと、呪的奇跡の顕現を強調する奇跡主義派のセクトの関係にも似ている。奇跡主義

派のセクトにおいては、「教義であれ、形而上学のものであれ、いかなる理論的定式化よりも実感により多くの関心をいだいている」[Wilson 1970=1972: 208][21]。一方、マニュピレーショニスト派においては、のちに述べるサイエントロジーのように、形而上学的教義が、個別主義的実践を内包している［同上：199-205][22]。

　日本においては、B・ウィルソンの指摘を待つまでもなく、多くのマニュピレーショニスト的宗教（呪的宗教）が見られる。宮永國子は、呪的宗教である世界真光文明教団[23]を事例として〈実践的な教義〉と〈理念的な教義〉という逆向き[24]の論理過程を持った二種の教義が、一方が他方に含まれながら独自性を保った二重構造を形造っていることを明らかにした［宮永 1980］。このように、呪的宗教においては、個別主義的霊術が形而上学的教義に内包され、一つの信念体系として構造化されている。日本の新宗教の多くでは、呪術的救済と宗教的世界観がなめらかに接続され、一定の安定的構造を為しているのである［対馬ほか 1979］。

　以下では、まず、これまでの宗教研究における教団組織論の先行研究をレビューし、本研究の課題を整理したい。ただし、本研究の対象である呪的宗教の組織論は、これまで充分になされてきたとは言えないため、以下の大部分は典型的宗教、いわば「宗教」的宗教の組織論が主である。ここでは、これらの成果を参照して呪的宗教の組織論に適用する場合、どのような留意が必要か明確にする。

(3) 欧米の宗教集団論

　欧米のキリスト教世界における宗教様式の研究は、チャーチ、セクト類型論が有名である。教団類型としてのチャーチ（教会）とセクト（教派）概念の嚆矢は、ヴェーバー（Weber, M.）の研究にみられる。ヴェーバーは、チャーチ（キルヘ）を「来世を目的とする信託遺贈財団というか、当然に義（ただ）しい者も義しからざる者も包含するような公的制度（アンシュタルト）」、セクト（ゼクテ）を「みずから信じかつ再生した諸個人、そうした人々だけからなる団体」と述べている［Weber 1920=1989: 264］。

トレルチ（Troeltsch, E.）は、チャーチ・セクトに、ミスティシズムを加えて、類型を展開させた。ミスティシズムについては議論があるところだが、神との直接交流（神秘主義）を教え上の特徴とし、任意加入で、個人または小集団規模の組織を作る［Troeltsch 1912=1988~2002］。
　さらに、ニーバー（Niebuhr, H. R.）は、チャーチ、セクトにデノミネーション（denomination）という類型を加えた。デノミネーションとは、アメリカのような政教分離社会にあって、チャーチが形成されず、セクトが倫理的厳しさ・革命的性格を失って、制度化された教団類型である［Niebuhr 1929=1984］[25]。
　B・ウィルソンは、セクト論を展開して、より広範な世界の諸宗教を分析しようと試みた。彼はセクトの一般的特徴を、世俗を悪として把握する姿勢に認め、それへの応答の仕方によって、7つの下位類型を設定した［Wilson 1970=1972］[26]。
　以上、欧米の教団類型論を見てきたが、西洋キリスト教世界のモデルとしてその文化的被拘束性などが指摘されており、日本の宗教にそのままは当てはめることはできない。例えば、日本には欧米のチャーチにあたるような宗教類型がそもそも見当たらないということなどがある。また、基本的に「社会との緊張関係」［McGire 2002=2008］ないし世俗への応答が、類型設定の軸になっており、モデルの普遍性を担保するため「組織の様式」［Wilson 1970=1972: 44］は、基準としては除かれている。

(4) キリスト教の組織
　チャーチ・セクト類型では、組織（教団の内部組織の構造）の問題は、充分に取り扱われていなかった。それでは、欧米のキリスト教における組織はどのように把握されてきたか、それを以下でみていきたい。ただし、ここでは特に、キリスト教会のうち、西方教会系統に限定している（東方教会については、註28を参照）。欧米の宗教社会学とその組織論に大きな影響を与えたと考えられるからである。
　ローマ・カトリック教会[27]は、ローマ教皇をトップに、全世界に約2,500

の教区があり、教区はさらに小教区に分かれている。教区長には多くの場合司教が就任し、小教区には主任司祭がいる。その他、開拓布教を主とする修道会がある。上記の巨大組織を管理するため位階制度が定められている。

司教（ラテン語 episcopus）は、使徒の後継者とされ、教区を管轄し、教区内の教会に対して司教統治権を行使すると同時に、全教会の代理者として、国ごと地域ごとに存在する司教会議を通じて、教区内の協力を行う。ローマ・カトリック教会においては、ローマ教皇は司教であるとともに使徒ペトロの後継者（使徒継承）として「完全・最高・普遍の権能を有し、それを常に自由に行使しうる」『教会憲章』とされる[28]。以下、司祭（ラテン語 presbyter）は、司教を補佐し、特に祭礼や集会においてその聖務を執行する役割を担う。教区内の小教区の管理をゆだねられた司祭は、とくに主任司祭と呼ばれる。司祭の下には助祭（ラテン語 diaconus）がおり、司祭を補佐する。司教・司祭・助祭は三聖職位とされる。これらの職位はペテロら使徒たちから正統的にうけつがれてきたものと考えられている。

プロテスタントの教会運営は、以下の3形態にまとめられる[29]。

まず監督主義がある。この形態は、監督（主教）episcopus ―― 司祭 presbyter ―― 補（輔）祭 diaconus の3つの聖職者の身分的階層をもつ。これも使徒たちから継承されていると考えられている。英国教会に典型的にみられる[39]。英国教会のカンタベリー大主教は全イングランドの首位聖職であるばかりでなく、各国において自治体制をとっている全世界の聖公会（アングリカン・コミュニオン）の指導者でもあるが、アングリカン・コミュニオンが自治体制をとり、カンタベリー大主教が裁治権を有しない点で、ローマ・カトリック教会と異なる。

次に、長老主義がある。これはカルヴァンの影響を強く受けた形態で、牧師〈宣教長老〉(Presbyter) と長老〈治会長老〉(Elder) ＝〈信徒長老〉が、共同して長老会を構成し、教会運営を行う。いくつかの教会が集まって中会が構成されるが、ここで牧師の任命が行われるなど、中会が長老主義の中核的組織となる。中会がいくつか集まって教区会、教区会が集まって総会となる。いずれにおいても、牧師（宣教長老）と長老（信徒長老）が身分的に同格

であることが監督主義と異なる。

　最後に、独立・会衆主義がある。各個教会の独立自治が強調され、牧師の任免も会衆が行う。各個教会においては、長老派と同様に、牧師、教師、長老、執事の4つの職務があるが、各個教会の裁量にゆだねられており、中会のような組織を認めないところに特徴がある。

　以上見てきたように、ローマ・カトリック教会は、使徒継承に基づいた聖職観と、教皇をトップに戴き全世界に広がるヒエラルキー的位階制組織を有し、プロテスタント系は、機能としての役職観と、より平等主義的組織構造となっている。キリスト教の組織には、教義的な背景が教会組織の構造に強く反映されていることがわかる。

(5) 日本宗教の組織
　次に、日本宗教の宗教組織がどのように把握されてきたかをみていく。
　宗教組織は、それが自生した社会の構造とその宗教の教義の両面から基礎づけられていると考えられる。ところが森岡清美によれば、日本宗教（土着宗教）の組織形態は、キリスト教と比べた場合、教義による被規定性より、社会構造による被規定性のほうが卓越しているという。そのため森岡は、教義の系統によらず、組織が確立した時代によって、土着宗教の組織形態を分類した［森岡1981a: 20］。森岡は、日本における宗教運動体の組織原型を「導きのおやこ関係」にみたが、これにその時代時代の組織モデルがかぶさって一定の形態が発現されたと考えた［森岡1980: 5］。
　近世に組織化が完了した既成仏教などでは、本山―末寺というように世襲の上下関係を特色としたいえモデルとなった。近代になっていえモデルが規範力を減退させると、組織原型が露出しておやこモデルとなる。近代に組織化が完了した天理教、金光教ではこのおやこモデルが採用された。おやこモデルではこが成長すればおやと対等の地位に進む可能性があり、それだけ固定性が少ない。ただし、いえモデルもおやこモデルも、組織原則としては、自然発生的な導きのおやこ関係（導き系統制）を採用している点でいえ＝おやこモデルと一括して考えることができる。いえ＝おやこモデルでは、組織

構造は本末、おやこの関係が連なって重層的になることが多い。

　現代に組織化を完了した創価学会、立正佼成会などでは、支部間のおやこ関係を、地域ごとの最寄り原則でフラットななかま関係（地区ブロック制）に改編した例が出てくる。このタイプの教団では、地方的単位を組織中枢に結びつける構造化の装置として、本部事務局の官僚制機構を発達させたため、なかま―官僚制連結モデルと呼ばれる。

　いえ＝おやこモデルは、親愛な情に支えられているため、入会後の訓練などに有効に機能するが、居住地が必ずしも地域的にまとまっていないため、連絡のための時間と費用の負担が大きくなる。重層構造よりは単層構造、いえ＝おやこモデルよりはなかま――官僚制連結モデルの方が管理しやすく、運営上合理的な組織である。そこで、いえ＝おやこモデルから信者の連絡・訓練・動員の効率が高いなかま――官僚制連結モデルへの切り替えが行なわれるが、おやこ関係からは抵抗を受け、もし強行すれば、組織が混乱し、麻痺状態になる［森岡1980、1981a］。

　この森岡の組織モデルは、日本の土着宗教から切り出したモデルであるため、舶来のチャーチ・セクト類型などとは異なり、日本の宗教を分析する際には極めて有効なモデルとなっている［西山2005a: 204］[31]。

　西山茂は、森岡の組織論に示唆を受けながら、組織モデル論を発展させた。彼は森岡と同様に、個人的な人格関係を基礎にした布教者と被布教者のタテの関係の連鎖からなる個人的な「タテ線」を組織原型と捉え、それが超世代的に制度化されたものを組織型として考えた。有賀喜左衛門の重層的オオヤケ論［有賀1967］を参考にして、オヤコ関係におけるオヤを根源的な元親と手次をする中親に細分化し、その関係から組織型を構想した。すなわち元親に中親が系譜的に連なる「系統型」、中親を廃した「一元型」、中親の連合が元親を差配する「連合型」である［西山2013］。系統型は森岡のいえ＝おやこモデルに、一元型は同じくなかま―官僚制連結モデルに対応するが、連合型という新しい組織モデルが付け加わっている[32]。西山は組織選型の要因として、①時代的要因、②宗教様式的要因、③指導者資質的要因、④教団発達的要因を挙げている。このうち①は森岡の理論であり、③④は西

山が以前から指摘していたことである［西山1987a、1990a］（註31参照）。②は先述の寺田と塚田の研究とも通じる部分で、本研究においては特に重要である。すなわち、療術系新宗教（霊能・信徒分有型）のように元親に比して中親が相対的に力をもつような宗教様式であれば、連合型になる蓋然性が高いと考えられる。

　この元親の発想の根底には家元研究の成果が反映されている。家元制度の研究者・西山松之助によれば、家元制度は「日本の独特な文化集団社会」［西山松之助1982: 1］であり、「古代以来の日本の文化伝承様式たる完全相伝に革命現象が起ったことによって成立した」［同上: 3］。歴史的現象としての家元制度は、「17世紀の前半期における新興武家貴族の莫大な文化人口創出による芸道の成立」と「18世紀中頃に及び、大都市の富裕町人や農村における富裕層などによって、さらに多くの文化人口が創出された」ことによって確立した［同上: 6-7］。家元制度は近代以降も消滅することなく、第二次大戦以後は女性の世界にも拡大した［同上: 7］。

　F・L・K・シュー（Hsu, Francis L. K.）は、文化人類学（心理人類学）の立場から、日本社会を家元制度によって特徴づけた。彼は、当該社会に固有の親族組織（日本の場合、イエ・同族）が、その社会の特徴をなす二次的集団形態に影響を与えるという理論的前提で、中国のクラン、アメリカのクラブ、インドのカーストと対比して、日本社会の構造を家元論を用いて描き出した［Hsu 1963 =1971］。

　日本宗教の組織は、森岡が明らかにしたように、日本の社会構造に大きく規定されていることから、宗教組織論に家元研究の成果を取り入れることは有用である。

　西山松之助は、家元制度の構造的特徴としては以下のように分析している。①家元があらゆる一切の相伝権を独占し、当該家元社会における絶対権力者として君臨する、②重層的な上下統属の身分関係に組みあげられた名取制度（中間教授機関）を構成する、③家元と弟子とが主従としての無限定的な規範による紐帯で統一され、擬制的な家族的結合をなす［西山松之助1982: 21］。

また、西山松之助は、家元制度と単なる家元を区別している［同上］。家元は新たな文化様式が確立され、それが血統的に伝承（単子相続）されることによって成立するが、それが家元制度として文化集団（組織）を構成するためには、先述の要件を満たさなければならない（以下、本書では単なる家元を家元制度と区別するため、「イエモト」と表記する）。

　新宗教に限らず成立宗教はすべて、新たな宗教様式の確立によって成立する。宗教様式の確立者は、新たな文化的伝統の創始者であり、そのカリスマはしばしば血脈（あるいは法脈）によって継承されることによって芸能諸流における家元のような存在となる。それは「宗教的イエモト」と呼ぶことができる。日本の宗教運動は、多少なりとも制度化されると、多くの場合「宗教的イエモト」を形成するが、それは日本文化におけるカリスマの制度化の一形態だからである。カリスマの制度化は、カリスマ的支配の原理の存続において極めて重要な意味をもつが、その要点は、救済力の源泉へのアクセスを「閉じる」ということである。家元制度ないし「イエモト」は、この「閉じる」機能を有効に働かせる（＝不完全相伝）。

　宗教組織において家元制度が典型的に表現されているのは系統型（いえ＝おやこモデル）である。一元型（なかま―官僚制連結モデル）は、イエモトが絶対的権力者ではあるが、名取制度のような中間機関を廃しているため、西山松之助の説の意味では家元制度とは言えない。連合型においては逆に、イエモトは絶対的権力者たり得ないし、相伝権も相当程度中間組織が握っている。したがって連合型においては、イエモトは象徴的な存在（推戴）となり、完全に廃されることすらある。連合型の教団の一つの霊友会[33]で、創始者嫡系の久保継成会長を教団から追放して、有力支部（御旗支部）による完全合議制を達成したのがその例である。世界救世教では創始者の岡田茂吉の子孫である岡田家出身者を教主（元親、宗教的イエモト）として推戴しながら、中間組織（被包括法人）が連合して教団運営を行っている。

　西山茂の組織類型（連合型）に宗教的イエモト論を加味して修正を加えると、現在の世界救世教の組織は、「イエモト推戴的連合教団」となる。それでは世界救世教はなぜイエモト推戴的連合教団になったのか。以下では、世

界救世教が療術系であったから連合型になったのではないかという組織選型仮説をより詳細に検討していく。また霊友会のような純粋連合型ではなく、なぜイエモト推戴的連合教団になったかも合わせて検討していこう。本研究は世界救世教を対象とした個別事例の検討が主であるが、これを通して他の類似の教団、さらには日本新宗教の教団組織的研究が進み、さらに、呪的宗教における教義と組織（教会）の重要性の指摘を通して、呪術—宗教複合の研究に一石を投ずることが出来るのではないかと考えている。

3　本書の構成

　以下、本書では、第1章で対象教団の現況と、教祖の生涯、そして教義の概略を述べ、第2章で、〈救世教〉の成立の時代背景と、その霊術の特徴を明らかにする。以上によって、〈救世教〉が療術系新宗教であること、かつ組織構造が、イエモト推戴的連合教団であることを明らかにする。

　第3章から第5章まで、〈救世教〉の教団史を分析する。第3章では、終戦直後まで（〜1947）の〈救世教〉を、療術ネットワークの段階として描く。この段階の〈救世教〉は、療術（呪術）中心の団体であった。第4章では、〈救世教〉の呪的宗教化を分析する。宗教化を目指した〈救世教〉の歩みそのものが、呪術と宗教の違いを浮き彫りにするだろう。また宗教的イエモト論を用いて、宗教的イエモトの確立と教団統合の模索の段階を分析する。

　そして第5章で、今日の〈救世教〉の特徴的な組織形態であるイエモト推戴的連合教団の形成を明らかにする。この章では、呪的宗教となった〈救世教〉が、なぜイエモト推戴的連合教団となったのかについて、教義・儀礼との関連で分析する。

　以上のような考察をふまえて、本書の要約と結論が結章において示される。そこでは、序章で提起した分析枠組みと仮設的命題を関連づけておこなわれるであろう。

　なお、註は各章末に、各章資料と文献は巻末に、それぞれまとめてある。

註

(1) 　新宗教 new religion とは「既存の宗教様式とは相対的に区別された新たな宗教様式の樹立と普及によって、急激な社会変動下の人間と社会の矛盾を解決または補償しようとする、19世紀なかば以降に世界各地で台頭してきた民衆主体の非制度的な成立宗教」［西山茂 1995: 149］。

(2) 　世界救世教が、今日の名称「世界救世 (きゅうせい) 教」となったのは、1957 (昭和32) 年のことで、前身団体を含め、その名称は変遷してきた。以下、本書で「〈救世教〉」と記す場合には、その運動的連続性や展開を踏まえ、当該集団を通事的に示す場合である。また単に「世界救世教」と記す場合は、今日の教団を指し、特定の時期の当該集団を示す場合は、それぞれの固有名詞（「大日本観音会」「日本観音教団」「世界救世 (メシヤ) 教」等）を以て示すことにする。ただし、先行研究に言及する場合や、章・節タイトルなどについては、この限りでない。

(3) 　教祖の系譜的子孫と、それを補佐し教団において特権的役割を果たす一族。日本のイエ（家）のように、必ずしも血縁であるとは限らない。芸能諸流におけるイエモトのように、宗教様式の奥義を系譜的かつ排他的に継承する集団。本章第2節（5）で詳述する。

(4) 　「イエモト推戴的連合教団」の基本的アイデアは、西山茂氏に負うところが大きい。

(5) 　ヴェーバー（Weber, M.）は、宗教と呪術の区別を、祭司階級と呪術師の観点から論じている。「次のような点が、祭司概念にとって決定的なものと見られることもある。すなわち祭司とは—それが世襲的であるか、個別的に任命されるかを問わず—なんらかの種類の組織化された社会集団に奉仕して活動する職能者であり、したがってそのような集団による任命者ないしはそれの器官として、ひたすらその成員の利益のために活動するのに対し、呪術師は自由にみずからの職業を営む者であるという点である。しかし概念的には明確なこの対比も、現実にはむろん確固たるものではない。というのも呪術師たちが、結束した組合や場合によっては世襲的なカストへと結集することも稀ではなく、彼らが特定の共同体内で呪術を独占するという事態もありうるからである。逆にまた、カトリックの祭司も必ずしも『任命された』ものであるとは限らない。例えばローマでは、行きあたりばったりにあちこちのミサに顔をだして、その供養によってその日暮らしを立てていた貧しい遍歴僧も稀ではなかったのである」［Weber 1922=1976: 40–41］。このように、ヴェーバーは、社会集団の有無による区別は、「全面的には妥当しない」［同上: 42］と述べ、以下のように祭祀階級を定義している。すなわち、祭祀階級は、「ある選別された人々から成る組成体が、一定の規範、場所、時間に拘束されつつ、一定の集団と結びついて定期的に祭儀経営を行う」という

のである［同上］。ヴェーバーと同様に呪術師に着目した人類学者にモースを挙げることができる［Hubert et Mauss1904=1950］。
(6) 　実際、フレイザーは、「この対立（宗教と呪術の対立；引用者注）は宗教の歴史の比較的後期に至ってはじめて現われて来たようである。初期においては、祭司と呪術師の職能はしばしば結合して現われ、あるいは、もっと正確に言えば、まだその区別は明らかでなかった」と述べている［Frazer1925=1966: 133］。
(7) 　宗教社会学における宗教集団類型の一つ。社会における主流の宗教（特にヨーロッパにおけるカトリック）を指す。本章第2節（3）を参照。
(8) 　宗教社会学における宗教集団類型の一つ。チャーチ（註7参照）の展開（特にその世俗への妥協的態度）を堕落と捉え、その改革を訴える分派的教派を指す。
(9) 　宗教社会学における宗教集団類型の一つ。既存の宗教伝統（特に欧米におけるキリスト教）から逸脱的な宗教運動を指す。個人主義的、神秘主義的癒しを与える、比較的小規模の団体を指すことが多い。
(10) 　救済観とは、一般に、苦難の乗り越えの形而上学的な説明原理を指す。生命主義的救済観は、根源的生命（宇宙、生命、神の三位一体）の信念と、その分霊としての人間理解をもとに、人間が本来的自己に立ち戻ることによって、苦難を乗り越えうるという救済観である［対馬ほか1979］。
(11) 　宗教法人法では宗教法人は包括―被包括の関係を結ぶことができる。たとえば仏教各宗派は包括法人であり、各寺院は被包括法人となっている場合が多い。また全国の神社の多くも宗教法人神社本庁のもと、包括―被包括関係にある。新宗教の場合、単立（包括―被包括の関係がない）の宗教法人も多い。
(12) 　宗教（正確には信仰 faith）を、究極的関心（ultimate concern）によって定義したのは、ドイツ出身のプロテスタント神学者であるティリッヒ（Tillich ,P）である。彼は次のように述べている。「信仰は、われわれが究極的に関わっている状態である。―中略―人間は、ほかの生物と異なって、精神的（認識的、美的、社会的、政治的）なもろもろの関心、ないし関わりをもっている。―中略―それらのうちのどれか一つが、日常の生存に必要なものと同じように、人間生活、また社会生活にとって無制約的重要性をもつにいたることがある。このことが起こるとき、それは、その無制約的重要性の要求を受容するひとにたいして全的献身を要求し、また全的充実を約束する。たとえほかのすべての要求をこの要求に従属させ、ほかのすべての要求をこの要求のために犠牲にしなければならないにしても、全的充実をそれは約束する」［Tillich 1956=1961: 11-12］。
(13) 　部族（tribe）や氏族（clan）に密接に関連していると信じられている動物や植物など（トーテム）を、特別に崇拝する信仰形態。
(14) 　本論で形而上学的教義という場合、世界観や、根源的な意味への問いかけに応

(15) 神智学協会（Theosophical society）は、ブラヴァツキー夫人（Madame Blavatsky、1831~1891）とオルコット大佐（Henry Steel Olcott、1832~1907）が1875年、アメリカ合衆国で創設した団体（本部はのちにインドへ移転）。キリスト教、仏教、ヒンドゥー教など、世界の諸宗教や諸思想を折衷した神秘主義的思想。西洋スピリチュアリズム（第2章註4参照）の重要な展開の一つで、のちのニューエイジ運動などに大きな影響を与えた［Storm 1991=1993］。クリスチャン・サイエンスとサイエントロジーについては、第2章第3節で詳述する。

(16) 西山茂によれば、宗教様式は、教え（教義）、実践（儀礼）、組織よりなる［西山1995: 167］。

(17) 西山の霊術系宗教論は、1970年代に台頭した新新宗教と大正期に発展した大本、太霊道などの霊術系新宗教が、近代化の一段落期に展開したとする時代社会論でもある［西山1988］。

(18) 宗教的源泉が霊能にあり、それへのアクセス・行使が全ての信者に開かれている組織型。

(19) 真如苑では、「霊能者」による「接心」修行が重要な宗教的実践である。接心とは、霊能者が霊界（「真如霊界」）からメッセージを受け、信者の人生問題の解決につなげていくものである。霊能者は本部によって養成され、接心は必ず本部や「精舎」と呼ばれる支部組織において行われる。

(20) 「われわれが検討した呪術のある実例では、その中に精霊の働きが取り入れられており、祈祷と供犠によってその好意をむかえる企てのなされているものが見られた。しかしこのような例は、全体として見る時はむしろ例外的なものである。宗教によって着色され、それと交錯した呪術を示しているのである。共感呪術が純粋無雑な形をとって現れている場合には、それは必ず自然界の一つの現象がどんな霊的または人格的能作者の干渉を受けることもなく、必然的にそして不可避的に他の現象の結果として現れることを予想している」［Frazer 1925=1966: 126］。

(21) ウィルソンは、奇跡主義派のセクトのリーダーを「呪術師」と呼び、その信者との関係を「弁護士と依頼人の関係に等しい」と論じている［Wilson 1970=1972: 207］。そしてこのセクトにおいては、「特殊な教義を拡める運動のもっていたような公式的組織をごく最近まで必要としなかった」が、「現代世界において奇跡は、徐々にセクトとしての様相を帯びてきた」。「そうさせたものは保護の必要、地方的レベルを超えた威信獲得の欲望（これは進歩した物理上のコミュニケーションとマス・メディアによって徐々に可能となった）ならびに宣伝の共同保護者から得られる、すべての指導者の利益であった」と述べている［同上: 207-208］。奇跡主義派セクトの現代性について触れている点が、興味深い。

(22) クリスチャン・サイエンスの創始者、メアリー・ベーカー・エディ（Mary Baker Eddy）や西洋スピリチュアリズムの神智学協会の創唱者の一人、ブラヴァッキー夫人にも同様な志向性がある。「エディ夫人とブラヴァッキー夫人のような心霊術にひかれたより抽象的な思想家は、奇跡派の実践が必要としていた以上に理論的公式化を望み、そして彼らは精緻な形而上学的イデオロギーによって、マニピュレーショニスト派のセクトの設定に積極的であった」［Wilson 1970=1972: 211］。

(23) 世界真光文明教団は、1959（昭和34）年に岡田光玉（1901~1974）が設立したL・H陽光子友乃会を前身とする。光玉の死後、後継者を巡って争いが生じた。弟子の関口栄が世界真光文明教団を継ぎ、養女の岡田恵珠は崇教真光を設立した。両教団やさらにそこから分派した教団は真光系と呼ばれる。光玉は立教する以前に〈救世教〉の布教所長を務めており、〈救世教〉の浄霊にあたる手かざしの秘儀「真光の業(わざ)」など、〈救世教〉と共通する部分も多い。ただし、真光系は、より神秘性そのものを強調しており、1970年代から急速に教勢を伸ばしたいわゆる新新宗教の代表的教団の一つで、若者の表出的神秘ニーズに応えた［谷1993］。

(24) 「逆向き」は、信者側（特に比較的日の浅い入会者）と教主／教団（信仰中枢）のまなざしの違いを表現している。信者ははじめ、自身の「のっぴきならない」問題の解決（実践的教義）を求めているが、教団はそれにとどまらない人間変革（理念的教義）を与えようとする。信者の信仰獲得の過程は、実践的教義から理念的教義への移行のダイナミズムとして捉えられる。

(25) なお、ニーバーの教団組織論の特徴の一つは、教団類型の展開を捉え、その動態に触れているところだが、その点では、ロバートソン（Robertson, R）は、救世軍の事例研究において、デノミネーションから、セクトそしてエスタブリッシュセクト（制度化されたセクト）という類型間移行を明らかにした［Robertson 1970=1983］。このような、組織類型の移行分析というロバートソンのような視座は、本研究にも示唆を与えるだろう。

(26) 回心主義、革命主義、内省主義、マニピュレーション、奇跡主義、革命主義、ユートピア主義の七つである［Wilson 1970 =1972］。

(27) カトリックの組織については［小野1977、新カトリック大事典編纂委員会編1998］ほか参照。

(28) 同じく教義的には旧教であるが独自の教会運営をおこなうものとして東方正教会がある。同教会ではコンスタンティヌス、ロシアなど16の独立教会にわかれ、それぞれ総主教などがいる。それぞれの総主教は平等な立場であり、すべての正教会はこのうちのいずれかに属する。日本の場合（日本ハリストス正教会教団）、

ロシア正教会内の自治教会として独自の運営を行っており、3つの主教教区に分かれている。
(29) プロテスタントの組織については［熊沢1980、宇田ほか編1991］ほか参照。
(30) 英国教会では、主教―司祭―執事となる。
(31) ただし、西山茂は組織モデルの切り替えについて、①近代官僚制的な組織モデルが支配的な現代において、②短時日のうちに、③大規模化したために、④未だ縦線組織が施設や世襲制を伴う程には制度化されていない場合において、初めて可能であったと述べている［西山1990a: 60-61］。創価学会や立正佼成会はその希有な例とも言えるが、実際には日蓮宗法音寺のように必ずしも上記の要件を満たさないような他の教団でも組織モデルの切り替えが行われた例がある。従って、上記要件は切り替えを可能ならしめるというよりは、より容易にさせる、あるいは促進させる要因と捉えるべきである。また別に、森岡、西山が重視していないが見逃せない点として、先述の聖性の根源とその下級委譲のあり方（宗教性の構造）による宗教集団の類型とその組織形態への影響がある［寺田・塚田2007］。ここで再び教義（「教え」）に着目する必要性を強調しておきたい。森岡がなかま―官僚制連結モデルを採用した教団の例にあげた創価学会と立正佼成会は、ともに法華（日蓮）系の、教典を中心とした宗教である。先述のように、日本の新宗教には、また別の種類の宗教的形態（霊術系宗教）があり、そこにおいてはまた異なる組織化の課題があるのである。
(32) ただし、連合型のアイデアに近いものは森岡にもあった。真宗教団における寺中連合を指摘したもので、真宗仏光寺派（山内六ヵ院の「相持(あいもち)」）、真宗浄興寺派（「一山共和制」）はその典型である［森岡2005］。しかし森岡はそれを「いえ＝おやこモデル」の亜系のように捉えたのに対して、西山はそれを独立した組織型に練り上げた。また、西山の組織類型には「なかま型」というのもあり、現代のスピリチュアリティ（新霊性運動）などを考える場合の有効性はあるが、ネットワーク的な組織であり、他の類型とは水準がやや異なるためここで詳しくは検討しない。
(33) 久保角太郎（理事長）と小谷喜美（会長）により、1930（昭和5）年立教。支部の独立性が高く、特に「御旗(みはた)支部」と呼ばれる有力支部から多数の分派教団が誕生した。1996（平成8）年、久保角太郎の子・継成を教団から追い出し、「集団合議制」に移行した。以後、御旗支部会長によって会長職が担われている（2012年9月現在は第13支部長・大形市太郎）。霊友会パンフレット『子どもに未来を手わたそう』(1999年発行)。

第1章
対象教団・世界救世教の概要と教義

　本章では、本書の対象教団である世界救世教の概要をまとめ、教義（「教え」）を分析する。まず第1節では、〈救世教〉の教団史と、今日の状況を整理し、①世界救世教が療術系宗教であること、②その組織がイエモト推戴的連合教団であることを確認する（1-1）。次に第2節で、教祖・岡田茂吉の生涯をみる（1-2）。世界救世教のような創唱系[(1)]の日本新宗教においては、その後の教団展開において教祖の影響が特に大きいからである。最後に第3節で、〈救世教〉の教えを分析する（1-3）。序章で示したように、宗教教団においては、組織化と教義が密接に関連しているため、第3章以降、〈救世教〉の組織展開を分析する上で、前提的知識として重要である。もちろん、組織と同様、教えにも変遷がある。ここでは特に、初期から、二代教主の時期までを取り上げる。なお、ここで分析する教義（教え）としては、〈救世教〉が呪的宗教（療術系新宗教）となった戦後の教義（教え）を中心に取り上げるが、必要に応じて戦前期の教義（教え）をも取り上げる。

1-1　歴史と現況

　世界救世教[(2)]は、大本（おおもと）[(3)]の宣伝使／支部長であった岡田茂吉（1882〜1955、教団内では1950年以降「明主様（めいしゅさま）」と呼ばれる）が1935（昭和10）年に独立し、「大日本観音会」の名で立教したのに始まる。戦前は一時、宗教活動ができない時期があったが、戦後になって1947（昭和22）年、宗教法人令下の宗教法人「日本観音教団」として再建された。教祖晩年の1950（昭和25）年、

今日の教団の基礎となる「世界救世教（メシヤ）」が成立し、教祖没後の1957（昭和32）年に「世界救世教（きゅうせい）」と改称した。これまで多数の分派を輩出し、世界救世教系教団群と呼ばれるような一群をなしている［清水1973］。

教祖の思想には、宗教的語彙や「秘儀」の活用等の面で大本の与えた影響が大きい（詳細は第3節参照）が、教義的整備や語彙の用法において独自のものがある。教義上の教団の目的は一貫して「地上天国」（「大光明世界」とも呼ばれた）の建設であり、その雛形としての聖地造営である。地上天国とは病貧争のない真善美完き理想世界であり、その建設のために「浄霊」[(4)]とよばれる手かざしによる治病儀礼、無農薬自然農法・自然食の主張と実践[(5)]、美術館経営に代表される「美による人心の浄化」[(6)]などがおこなわれる。これらは〈救世教〉の「救いの三本柱」と呼ばれるが、その中でも浄霊は特に重要な実践とされる。したがって、世界救世教は、病気治しを主な布教の武器とする、療術系宗教と言える。

教祖の死後、妻のよ志（1897～1962、「良子」とも記す）が二代、三女の斎（いつき）（1927～2013）が三代の教主[(7)]を継承し、現在の教主は茂吉の孫・岡田陽一（1948～、「四代様」と呼ばれる）が務めている。

現在（2013年1月）は、包括宗教法人「世界救世教（きゅうせい）」（理事長・渡邉哲男）のもとに、「東方之光」（同・勝部顥至）、「世界救世教いづのめ教団」（同・渡邉哲男）、「世界救世教主之光教団（すのひかり）」（代表役員・仲泊弘）、がそれぞれ被包括宗教法人として存立している。『宗教年鑑』平成28年版（2016年）によれば、包括法人全体の信者数は609,722人である。3被包括法人の教勢の比率は、3：3：1くらいとみられている。しかも、包括法人には教主室があるだけで、ほとんど実権がなく、信者は被包括法人に所属し、3派がそれぞれ実質的な教団運営を行なっている。3派の代表者が包括法人としての活動を協議・調整している。このように、世界救世教は3つの被包括宗教法人の連合によりなっている。すなわち、序章で述べた「中親」が強く、独立性の高い被包括法人のヨコの連結による「連合型」の教団であり、宗教的イエモト（＝教主）を推戴した「イエモト推戴型教団」、すなわち「イエモト推戴的連合教団」である。

地上天国の雛形としての聖地は、「神仙郷」（神奈川県箱根町）、「瑞雲郷」（静

岡県熱海市)、「平安郷」(京都市右京区)と呼ばれる3拠点から構成される。このうち、東方之光は箱根と熱海、世界救世教いづのめ教団は熱海と京都、世界救世教主之光教団は熱海を中心的な活動場所としている。この他、いづのめ教団では独自に、ブラジル・サンパウロ郊外のグァラピランガ、タイ・バンコク近郊のサラブリを海外聖地としている。

〈救世教〉は、戦後の比較的早い時期から、海外布教を積極的に展開してきたが、現在、世界約90か国以上に、約200万人の信者がいるとされる。特に、いづのめ教団は、海外布教に熱心で、ブラジルに約41万人、タイに約70万人の信者がいる（世界救世教いづのめ教団ホームページ参照）。

教団（聖地）の主要な年中行事としては、新年祭・立教記念祭（1月1日）、二代教主御命日祭（1月24日）、立春祭（2月4日）、教祖祭（＝教祖命日、2月10日）、豊穣祈願祭（3月10日）、春季大祭（4月1・2日、1951年〜）、地上天国祭（＝教祖が天啓を受けたとされる日、6月15・16日、1953年〜）、祖霊大祭（7月1・2日）、世界平和祈願祭（8月1日）、秋季大祭（10月1・2日、1950年〜）、新穀感謝祭（12月1日）、および、御誕生祭（＝教祖誕生日、12月22・23日）などがある。

1-2　教祖

本節では、教祖・岡田茂吉の前半生の、思想形成過程を明らかにすることを主な目的とする。1935（昭和10）年の立教以降の彼の生涯は、第3章と重複するため、簡潔にまとめる。

岡田茂吉は、1882（明治15）年12月23日[8]、東京の浅草区橋場町（現・台東区橋場）[9]に生まれた。父、母、姉、兄の5人暮らしであった。父・喜三郎は、古道具屋を営んでいたが、茂吉の小さい頃は、貧乏で苦労していたという。茂吉の曽祖父は、質屋を営んでおり、明治の初めごろまでは大変富裕な家柄であったが、祖父の代から、しだいに没落していった。

茂吉は幼児期から腺病質[10]の虚弱体質であった。近所の子供たちが誘っ

ても一緒に遊ぼうとはせず、日陰で本を読んだり、絵を描くことが多かったという。

　1896（明治29）年、浅草尋常高等小学校高等科を卒業し、しばらく家業を手伝う。しだいに画家を志すようになり、1897（明治30）年、東京美術学校（現・東京芸術大学）予備ノ課程に入学した。しかし半年後、悪性の眼病のため退学している。また、肋膜炎に2回、そして遂には肺結核を煩って、治癒の見込なしと診断される。そこで、医薬を断ち、菜食療法を行って奇跡的に全快する。

　1899（明治32）年、日本橋浪花町へ移る。夕食後に銀座通りを散歩することを日課とし、古道具屋の店先で商品の観察をしたりして鑑識眼を養っていく。また、この頃、読書に励む。愛読書は、財界人の立志伝や、黒岩涙香の『萬朝報』[11]などであった。他に、哲学書も数多く読んだとされる。なかでも、ベルクソンの「直感の哲学」やW・ジェイムスの「プラグマチズム」に強く惹かれたという[12]。

　1905（明治38）年に父が亡くなると、その遺産金を元手にして独立し、京橋区桶町（現・中央区八重洲）に小間物屋「光琳堂」を開業する。商売は成功し、2年後には装身具卸商「岡田商店」を開業している[13]。同年、相原タカと結婚する。商売はますます繁盛した。

　一方、自立してからも茂吉は様々な病気を患った。特に脳貧血や、腸チフスで死にかけている。のちに「婦人病以外は大体やっている」と語っている［宗教法人世界救世教編1994上：136］。1914（大正3）年からの歯痛では、東京中の有名な医者を回っても治らず、日蓮宗の行者によって治るという経験をする。そして病気を治すはずの薬が、実は病気を作っているという思想を持つようになった。

　1915（大正4）年の「旭ダイヤモンド」[14]の開発で、順風満帆の岡田商店であったが、1919（大正8）年春、取り引き先の倉庫銀行が倒産し12万円の負債をおった[15]。また同年6月には、妻・タカが出産に伴う衰弱で死去している[16]。12月、太田よ志（のちの二代教主）と再婚し、岡田商店も株式会社として再建を計るが、世界的な不況が起こり、大打撃を受ける。それまで

徹底した無神論者であったという茂吉は、この頃から、救いの道を求めて、様々な宗教の門を叩くようになったという[17]。

1920（大正9）年6月、東京の神田で開かれた講演会を聞きに行ったのをきっかけに、大本に入信した。茂吉が大本に惹かれた理由の一つは世直しの思想であり、もう一つは薬毒に対する教えであった。彼は入信早々から店員たちに勧めて綾部に修行に行かせるなど熱心であった。しかし、その年の夏、何人かの店員と綾部に修行に行っていた甥の彦一郎[18]が事故で死亡し、以後、約3年間、大本から遠ざかる[19]。不況の後も会社の再建が懸命に行われたが、1923（大正12）年9月、関東大震災によって、またしても大打撃を受ける。10月には初めて授かった長男至麿が1年9か月で死去。そして、こうした事態が、茂吉を再び大本の信仰へと向かわせることになった。

1923（大正12）年からの3年間は大本の書物、特に『お筆先』[出口ナオ1979a,b]を熟読するかたわら、大本から離脱した浅野和三郎らの心霊研究グループ[20]に接触し、心霊学の本[21]を読むなど心霊研究に没頭した。そしてこの頃から茂吉の身辺に神秘的な出来事が起こり始める。1926（昭和元）年、神憑りがあり、神の啓示を受ける。啓示は前後3か月にわたり、便箋3、400枚に及ぶもので、50万年前から7,000年前にいたる日本の「創成記」に始まって、未来に及び、茂吉自身の過去、現在、未来にわたる運命を解き明かすとともに、神の意図を明示するものであった[22]。これによって「見真実」の境地[23]に至ったとされる。1928（昭和3）年、岡田商店の実務から手を引き、「神業」に専念するようになる。この頃、大本の正宣伝使に任命されている。

1931（昭和6）年6月15日、神の啓示によって千葉県鋸山に参詣し、山頂で霊界における「夜昼転換」を感得する[24]。夜昼転換は同日に、まず霊の世界に始まり、しだいに地上世界に投射されてきたとされる[25]。1934（昭和9）年には「施術（しじゅつ）」と呼ばれた独自の病気治しの「秘儀」を確立する。茂吉は、この独自の治病行為によって信者を増やして行くが、一方では大本から少しずつ離れていく原因ともなった[26]。5月、麹町区平河町（現・千代田区平河町）に「岡田式神霊指圧療法・応神堂」[27]を開設する。その前後から、

大本において茂吉排斥の動きが高まる。当時、大本では「人類愛善会」(宗教協力、1925年発会)や、「昭和神聖会」(政治運動、1934年7月結成)の運動という社会運動に大きな力を注いでおり、個人的な治病行為に注力していた茂吉は、教団の幹部から非難や中傷を受けることが度々あった。

1934(昭和9)年10月、東光男という人物によって「霊的写真」(茂吉の後ろに、千手観音の画像が浮き出たという)が撮られた［岡田1994i: 318］。この頃から、茂吉は「自観」の号を用いたが、これは、のちに茂吉自身が、「自分は観音の働きをしているという意味」であると語っている［岡田1996d: 470］。この頃から、それまで「先生」と呼ばれていた茂吉は、「大先生」と呼ばれるようになった［宗教法人世界救世教編1994上: 409］。

1935(昭和10)年元旦、茂吉は、大日本観音会を発会する。同年5月には、それまでごく一部の弟子に限られていた施術が、同会の講習を受け、救済力を持った「お守り」を授かることによって誰にでも許されることになった[28]。また、茂吉は7月から、「観音講座」と呼ばれる宗教講座を行った[29]。全講義を終了した者には「宣導使」の資格が授与された［宗教法人世界救世教編1994下: 43］。この講座は、以下に述べる「大日本観音会」の教義の基本となった重要なものだが[30]、第二講座では、神示の農法(自然農法)の根本原理を説いている［岡田1994g］。そして、翌年2月からは、実際に自宅(「玉川郷」)の庭で、自然農法を実施している。

しかし、間もなく、官憲の干渉が激しくなり、翌1936(昭和11)年には、大日本観音会を解散する。以降は民間療術の形で活動を続けようとするが、1940(昭和15)年、医師法違反で逮捕されて以降、弟子の養成に力を入れる。

この民間療術としての活動は、戦後もしばらく続けられたが、1947(昭和22)年に、茂吉は日本観音教団を設立し、宗教家としての活動を再開する。以後、数年間で、同教団の教勢は飛躍的に伸びる。

1950(昭和25)年5月、茂吉は、脱税、贈賄などの容疑で逮捕された。この際、留置所の中で神の魂が宿り、現世に誕生するという神秘体験(「神人合一」[31])を経験する[32]。

1954(昭和29)年4月、脳溢血で倒れて以降体調を崩すようになるが、そ

の頃から、自身が「メシヤ」⁽³³⁾であることを自覚するようになる。6月5日、全国の教会長、おもだった資格者を熱海の住居・碧雲荘に招集し、倒れて以降はじめての面会を行った。この際、自身がメシヤとして再誕したことを述べた（以下、本書では「メシヤ宣言」と呼ぶ）⁽³⁴⁾。6月15日、「メシヤ降誕仮祝典」を行うが、この際には、管長（代表役員）の大草直好が、以後茂吉を「メシヤ様」と呼ぶ旨を発表した⁽³⁵⁾。さらに、それまでの御神体に代えて、現身の茂吉に向かい、天津祝詞を奏上。続く「御神号斉唱」において、教祖に向かい「天照皇大神守り給え幸倍賜え」と奉唱したが、いずれもその後、定着はしなかった⁽³⁶⁾。1955（昭和30）年2月、茂吉は逝去した。

　以上、教祖・岡田茂吉の生涯を見てきたが、今日の世界救世教の教義となる思想と実践の原型がみられた。それは、彼の人生経験に裏付けられたものである。浄霊や自然農法に発展する薬毒の考えは、病気がちであった茂吉が必死に健康を求め、医者にかかっても治らなかった病気を、自らの創意工夫で克服していった経験によって、形成された。また、当初宗教嫌いであったという彼が宗教の道に入ったのは、実業界でのひと時の成功も束の間、関東大震災や世界不況の影響で一気に没落し、この世のはかなさ・不合理に立ち向かい、自らの生きる意味（使命）を問い続けた結果であった。しかし、一方で、それらの少なくとも一部は、彼一人にとどまらず、その時代に生きた人々に共通の経験でもあった。その点については、次章で検討する。

　ここで一つ注目しておいて良いのは、彼が大本を離れた経緯である。大本は鎮魂帰神法という霊術を駆使したが、一方では強烈な社会変革思想をもった教団であった。茂吉は、その中にあって、心霊研究や治病のような個人的実践に熱中し、そのため大本の幹部連中と軋轢がおこっていた⁽³⁷⁾。その後の〈救世教〉が、病気治しの療術系宗教へ発展した根本的な要因の一つが、彼の志向性として既に現れていたのである。

1-3　教義

　以下では、〈救世教〉の教義の主要な部分を、要素ごとにまとめる。ただし、要素間の関連や、時代ごとの変遷があることに注意されたい。繰り返し述べているように、それは組織展開とも密接に関連しているが、その点は、第3章以降に改めて触れることになろう。また、本節で扱うのは二代教主の頃までの教義が主で、現在の3派体制になって以降の重要な変化もあるのだが、それは第5章で詳細に扱うことにする。

(a) 神

　日本観音教団の頃まで本尊とされた観世音菩薩（観音）は、天地創造の神（主神）により救世の力を与えられた「伊都能売之大神」が、化現したものとされる[38]。漢字は異なるが「伊豆能売神」は、『古事記』において、黄泉の国から帰った伊邪那伎大神の「禍を直さむ」として現れた神である［倉野校注2007: 29-30］。すなわち、穢れを祓う（浄化する）ことと関連が深い神である。茂吉によれば、伊都能売之大神は、2,500年前に印度に渡り、観世音菩薩となり、釈迦に教えを説き、仏法の開祖となったという［大日本観音会編纂1935: 29-32］。観音は、別名「光明如来」とも称される。光に依って一切を救うことを表している［岡田1994d: 46］。

　また、〈救世教〉でしばしば言及される弥勒（五六七とも記す）については、三相あるとされる。すなわち、法身弥勒（阿弥陀－西洋－天－六）、報身弥勒（釈迦－東洋－地－五）、応身弥勒（観音－日本－水－七）で、このうち応身弥勒（観音）は、三種を兼ねたものであり世界救済のはたらきをして、「五六七の世」（理想世界）が実現されると考えられている［岡田1994d: 44-45］。

　〈救世教〉で祭典や朝夕のお勤めなどの際に奉唱される「善言讃詞」には次のように表現されている。

　　　敬しく惟るに。世尊観世音菩薩此土（このど）に天降（あも）らせ給ひ光明如来と現じ。応身弥勒と化し。大千三千世界の三毒を滅し。

五濁を浄め。百千万億一切衆生の大念願。光明常楽永劫の。十方世界を成らしめて。五風十雨の不順序無く。吹風枝も鳴すなき。五六七の御代を生み賜ふ。(傍点；引用者)　　　　　　　　　　　　　［岡田1994a: 5］

なお、善言讚詞は1934（昭和9）年12月、法華経の観世音菩薩普門品第二十五（「観音経」と俗称される）を基に、祝詞形式にあらためて茂吉が作成したもので［宗教法人世界救世教編1994上: 397-399］、上掲のものは翌年2月に機関紙（『東方の光』第3号）上に発表されたものだが、その後、何度か改訂されている。1950（昭和25）年2月頃には、「応身弥勒と化し」のあとに、「メシヤとならせ」と入れられた［岡田1998a: 346］。そのことについて、茂吉は次のように語っている。

　観音様はメシヤとならせられ、観音様のお働きはメシヤになる。観音様は東洋的であり、世界的のものではない。／世界人類の救済からゆくと、メシヤ教はよほどキリスト教に近くなる。いずれはそうなるべきだが、ようやく時期が来たのである」　　　　　［岡田1998a: 346］

1964（昭和39）年に発表された善言讚詞では、「メシヤとならせ（給ひて）」は、「救世の真神とならせ給いて」と変更されている［世界救世教編1964: 3］。これは二代教主の時期（1955〜1962）に、「ご神体」を「大光明如来」から「大光明真神」（いずれも読みは「みろくおおみかみ」）に改めたことに対応する変化とみられる（e「ご神体」の項を参照）[39]。

(b) 世界観

　大日本観音会の目的は「大光明世界の建設」であった[40]。大光明世界[41]とは、観世音菩薩（観音）の光によって、病貧争といった闇のない世界とされる。そのような理想世界は、観音が、茂吉の身体を機関としてつくると考えられていた。茂吉によると、これまでの世界史においては、まず支那、印度の東洋文明が興ったが、それが西洋文明に変わった。東洋思想は独善

的孤立的で「霊的経の文明」（「火」の原理）であり、西洋思想は物質的文明を発達させ、広範囲に拡げる「体的緯の文明」（「水」の原理）であるという。また、今日、西洋文明は行き詰まりを見せており、最後に両文明があい結んだ「真文明」が実現されようとしているという［岡田1994c］。このように霊（経）と体（緯）が合い結んだものが伊都能売（＝観音）の働きとされる［岡田1994g: 256］[(42)]。前掲の「善言讃詞」には、理想世界が以下のように表現されている。

　　迦陵頻迦は空に舞ひ。瑞雲天に靉けば。万華馥郁地に薫じ。多宝仏塔聳り建ち。七堂伽藍は霞みつつ黄金の甍燦々と。陽に照り映ず光景は。実にも天国浄土なり。五穀稔りて蔵に充ち。漁豊に天ヶ下生とし生ける億兆の。歓ぎ賑はふ声々は。津々浦々に満ち弥り。国と国との境無く。人種等の憎しみや。争闘事も夢と消へ一天四海観音の。仁愛の御手に帰一され。仁慈の御胸に抱かれん。吾等が日々の施業にも。妙智を賜ひ真覚を。得さしめ家は富栄え。寿は永く無医薬に。善徳行を重ねさせ福聚海無量の大功徳。　　　　　　　　　　［岡田1994a: 5］

　なお、この部分ものちに改訂が加えられている。「多宝仏塔聳り建ち。七堂伽藍は霞みつつ」は「神殿玉楼聳り建ち救世の神館霞みつつ」に、「天国浄土」は「天国楽土」に、「一天四海観音の。仁愛の御手に帰一され」は「一天四海おしなべて大光明の御手に帰一され」とそれぞれ変更されている［世界救世教編1964: 4-5］。いずれも、仏教的表現から神道的表現への変化である。

　地上天国、あるいはその雛形としての聖地建設は、教団として一致結束して取り組むべき事業であり、教義の収斂性を担保している。

(c) 教祖・教主観
　大日本観音会発足当初、茂吉は観音の機関とみなされ、観音は外部から茂吉に働きかけていると考えられた[(43)]。茂吉は「大先生」と呼ばれたが、こ

の時点では、「先生」（教会長、教導所長など）の中のトップではあるが、「先生」の一種であることに変わりはない。つまり「先生」の延長上の上位的存在である。また既述の通り、この頃、茂吉は「自観」の号を用いた。1948（昭和23）年頃になると、茂吉は腹中に光の玉を持つと言明されるようになり、観音が強く働きかけるこの光の玉が、奇跡の救済力（浄霊など）の源である語った[44]。

1950（昭和25）年6月の「神人合一」の神秘体験では、さらに神の魂が茂吉に宿ったとされた。彼の呼称はこの頃から、「大先生」から「明主（めいしゅ）」にかわった。この特別の呼称は「先生」以下との明らかな隔絶を示している。「明主」の字義は、「救いの光（明）の主（ぬし）」というような意味であろう。音（おん）はメシヤを連想させる[45]。茂吉は、1953（昭和28）年、「『光明如来』と御掛軸を書きますが、あれは私が書くのですから、光明如来様よりか私が上なのです」と記している[46]。先述のように、1954（昭和29）年のメシヤ宣言以降は、より明確に、茂吉自身が神そのもの、と主張されるようになった。

のちに述べるように、ごく最初期を除いて、茂吉が教団の表舞台にたつようになったのは、1950（昭和25）年の世界救世教（メシヤ）誕生以後のことであり、初期の体験談等を見ても、茂吉の存在が出てこないことがしばしばある。しかし、その時であっても、茂吉は、「先生」（教会長や布教所長）の上の「大先生」であり、信者が教会長らに同伴され、熱海に面会に訪ねたり、茂吉のいる本部に電報などで特別守護願をする際の重要な対象であった。

茂吉が教団の表舞台に登場し、そのプレゼンス（存在感）を高めていくに従い、はじめ神（観音）の使い（神＞茂吉）として、次第に神そのもの（神＝茂吉）と言明されるようになっていった。しかし、神─茂吉の関係性は、常に論議の対象であった。

茂吉の死後、二代教主は、創造主神の神格を明確化し、主神→教祖→教主→教団の「神的順序」を明らかにした。二代教主の「神的順序」は、神（主神）と茂吉を再び切り離し、茂吉を神の下位に再定義した（神＞茂吉）。そして、神の聖性は、天国の茂吉、その嫡系である教主を介して、永遠に教団と現世に流れ続けるという解釈を示した。つまり、救済力の経路を教主に一本

化したのである。これは岡田家の宗教的イエモト化であった。

(d) 身体・健康観と〈浄霊〉

　浄霊は、「霊を浄める」と書くが、〈救世教〉では大本でも使われていた「霊主体従」の法則によって、霊を浄めることで、身体の不調を治すことが出来ると考えられている。また、一般に悪いものとされている病は、実は身体の内発的な浄化作用であり、〈浄霊〉はそれを促進するものであるとされる。薬は症状（浄化）を一時的に押さえ、紛らわすだけの対処療法に過ぎず、根本的治療ではないというだけでなく、身体の自然治癒力を発揮させないので却って良くないとされる。これが同教のいう「薬毒論」である。

　茂吉は、若い時の病弱だった自身の経験から、菜食療法や行者の祈祷など様々な代替医療を試している。大本時代も病気治しの探求は続くが、それは「鎮魂」[47]の延長上にあった。同時期には、大本教主にしか許されない「お守り」や「おひねり」（和紙の小片に絵や文字を書き、折りたたんで服用するもの）を信者に請われるままに自ら作るようになり、大本内の反発をかっている[48]。また、王仁三郎のつくった御手代（シャモジに文字を記して治病に利用したもの）を真似て、扇に和歌（「万霊を浄めて救ふ此の扇」など）を書いて弟子に渡したりもした。大本の影響下で、茂吉なりの治病儀礼を模索している段階である。

　1934（昭和9）年、独自の療術形式（神霊指圧）を確立するが、その名の通り「指圧」として行われた[49]。これは「施術」とも呼ばれた。名称はその後も「治療」「お浄め」などとが変わっているが、「浄霊」と呼ばれるようになったのは1947（昭和22）年以降のことである［宗教法人世界救世教編1994上：344-346］。名称の変化は、大本の影響下の段階（鎮魂）から、民間療術の段階（「施術」「治療」）、独自の信仰治療の段階（浄霊）という変遷との対応を示している。

　名称と同様、形式も変遷している。1950（昭和25）年からは、「出来るだけ、力を入れないように」［岡田1996c: 706］ということ（手を離すという意味か？）が強調されるようになった。手を離して行なうようになってからは、手を振

って行なうことから、「お手振り」などとも呼ばれた⁽⁵⁰⁾。1951（昭和26）年には、「これからはほとんど（手を；引用者注）振らなくていい」［岡田1998b: 524］と言っている。少なくとも1952（昭和27）年までには「患者に対して数尺離れた処から、只手を翳すだけ」［岡田1996e: 85-86］という今日の浄霊の形態となっている。

〈浄霊〉をするためには、茂吉が揮毫した「光」「光明」「大光明」の半紙を、ケースにしまった「おひかり」を身につけていることが条件となっている。茂吉逝去後は、茂吉揮毫の書体をコピーし、当代教主が入霊している。これは、救済力の媒介としての茂吉や教主の存在を象徴的に示しており、ともすれば分散的になり易い療術の収斂性を高める機能を果たしている。

〈浄霊〉はその発生経緯が明らかにしているように、病気治しの意味合いが強かった。しかし、二代教主以後の時代には、単なる病気治しの浄霊ではない、「祈りの浄霊」が強調されるようになった。例えば、二代教主は、次のように語っている。

　　霊魂を浄めていただくことによって、病気がなおるのであって、病気がなおるから病気なおしとみるのはあやまっております。本教の浄霊はどこまでも霊のお浄めであり、祈りであります。そして浄霊のみ力こそは、神が実在するという証しであり、神の愛そのものでありますから、これほどありがたいものはないのであります。（傍点；引用者）
　　　　　　　　　　［世界救世教いづのめ教団教典編纂委員会編1990b: 82］

(e) ご神体

大日本観音会のご神体は、茂吉の描いた観音の絵像や茂吉揮毫の文字の観音などであった［宗教法人世界救世教編1994上: 388-397］。戦後、日本観音教団になってから、「大光明如来」に改められた［宗教法人世界救世教編1994下: 231］。既述のように光明如来は〈救世教〉において当初から観音の別名とされたが、菩薩から如来への変更は、神業がより展開した事を示していると考えられている［同上］。

二代の時代になると、「大光明如来」は「大光明真神(みろくおおみかみ)」に改められた。読みが同じであることからわかるように、本質的に変わったわけではないが、神本仏迹的な〈救世教〉の世界観においては、仏教的な表現から神道的表現への変更は、神業のさらなる進展を象徴する意味があると考えられている（a 神観の項、善言讃詞の変化も参照）。

　以上と対応する変化が「善言讃詞」末尾の奉誦の詞に表れている。1935年版では、「念被観音力(ねんぴかんのんりき)／念被観音行／念被観音心」［岡田1994a: 6］だったが、1964年版では「大光明真神(みろくおおみかみ)守り給へ幸倍賜(さきはえたま)へ（二回奉誦）／おしえみおやぬし（引用者補足；茂吉のこと）の神守り給へ幸倍賜(さきはえたま)へ（二回奉誦）／惟神霊幸(かむながらたまち)倍坐(はえま)せ（二回奉誦）」とかわっており、最後に「三拍手」もついている［世界救世教編1964: 6］。

　観音は日本（あるいは東アジア）において古くから、現世利益の「カミ」として広く庶民に親しまれており、イメージとしても仏像・絵像などによって具体的に想起しやすい。またその力を念ずるというのは、現世肯定的で呪術的に思える。一方、根本神としての大光明真神はより抽象的（ご神体は書と鏡）であり、「惟神(かむながら)」（神の意のまま）という態度は、絶対者への懇願であり、より「宗教」的である。ただし、1964年版においては「おしえみおやぬしの神」（＝岡田茂吉）という「至高者」[51]が、観音にあった具体性を補っていると考えられる。

(f) 人間・心霊観／人生問題の解釈と解決

　〈救世教〉では、人間は、「霊」と「体」から構成され、しかも「霊」は「体」に先立つ（「霊主体従」）と考えられている。「霊」は「霊界」に属し、「体」は「現界」に属す。霊界は180層から成り、その徳に応じて各層に在籍する。それが、現界の運不運を左右すると考えられている。「霊界」は、一種のパラレルワールドであり、「霊」と「体」は重なっていて、「霊」は「霊衣」として人間の肉体を包んでいる。「霊衣」はその人の思い（想念）、行いによって、厚くなったり、薄くなったり、天気のように晴れたり、曇ったりする。「霊」が「霊界」のより高い階層に籍をおくこと、「霊衣」が厚く曇

りのない状態が理想とされる。

　一方で、人間の幸不幸を、守護神との関係でも捉える。すなわち、人間には「正守護神」、「本守護神」、「副守護神」の３つの守護神がついている。まず、神の分霊（わけみたま）としての「本守護神」がいる。そして、祖霊の中から選抜された「正守護神」が、その人を守護する働きをする。「副守護神」は、後天的に憑依する動物霊である。「本守護神」が善であり、良心であるのに対して、「副守護神」は悪であり、邪念である。これらの「守護神」によっても、人間の運命が左右される。

　以上の人間観・心霊観から、〈救世教〉において、人生問題は、「霊」の曇り（「霊界」の反映、「霊衣」の薄さ）、「副守護神」の働きに由来すると解釈される。

　それを〈浄霊〉によって直接解消する、または、美しい芸術作品や花（華道山月流）に触れることで浄化していく、あるいは無農薬「自然農法」産の食物をとることで浄化していくことで、人生問題の解決を図っている［世界救世教いづのめ教団編1993］。中でも重要なのは浄霊であるが、今日では先述のように直接的な病気治しの「秘儀」としての側面はやや薄れつつあり、祈りや心直しの側面が強調されるようになっている[52]。

　以上は、〈救世教〉の宗教的形而上学として、非常に重要なものである。

(g) 大本の影響

　根本神としての主神の観念、弥勒信仰、霊主体従の法則、「地上天国」(みろくの世)、経緯（たてよこ）の原理、火水（土）の原理など、大本の影響は小さくない。〈救世教〉の「夜昼転換」のような一種の終末観も、その切迫感は劣るとはいえ大本の「立替え立直し」の延長上にあると考えられる。ただし、大本の中でも特に、開祖・出口なおの影響が大きい。次の引用文にもそれが表れている。

　　　（大本は；引用者補足）世界の型であります。教祖は絶対善で人間として又婦人として是以上の人格者はありません。間違ったことは絶対に

しない人でありました。是は東洋の善の型なのであります。大本は私の生みの親であり、バラモンの善の型であるのが、教祖直子刀自であります。出口王仁三郎先生は西洋の悪の型でありまして、悪事はしないが色々な事をやるのであります。これは西洋の物質文化を建設する型であります。善悪不徹底で世界を救う為には、悪でも何んでも善いと言う人であります。(傍点；引用者)　　　　　　　　　　　[岡田1994i: 319]

　なおと王仁三郎の路線はやがて少しずつズレるようになった。安丸良夫はそれを次のように述べている。「王仁三郎が筆先に共感したのは、主としてその社会批判的側面であって、終末観や神観念ではなかったものと思われる」[安丸1987: 221-222]。茂吉が、王仁三郎主導で社会変革活動に大きな比重をおくようになった大本から独立していったことを考えると、茂吉が大本から特に何を継承したか理解しやすい。同様に王仁三郎と袂を分かった浅野和三郎（註20参照）との接近からも、茂吉が大本の社会批判的側面ではなく、個人的、とりわけ霊術としての「鎮魂」に関心があったことが知られる。
　以上見てきたように、〈救世教〉には、単なる療術に留まらない独自の形而上学がある。まず、大日本観音会から一貫して、大光明世界（地上天国）の建設を訴えている。地上天国の建設、あるいはその雛形としての聖地建設は、教団として一致結束して取り組むべき事業であり、教団統合の面で収斂性をもっていると言えよう。
　〈浄霊〉においては、特に1947年以降、霊の曇りを除去するという宗教的側面を強調した。二代教主の「祈りの浄霊」の教えは、それを強化したものと言える。〈浄霊〉をするためには、「おひかり」が必要とされ、観音（主神）から、茂吉（あるいは教主）を介して、救済力が発現すると考えられている。そのおひかりを作成することが出来るのは、茂吉在世中は彼のみであり、その逝去後は、教主が入霊をしてきた。このように、〈救世教〉では、〈浄霊〉においても、救済の経路を限定し（主神→茂吉→教主→信者）、その収斂性を高めようとしている。しかし、分派教団や内部の派閥においても、茂吉直結を主張することがあるように、茂吉逝去後は、その収斂性を維持することが

困難であったと言える。

小括

　本章では、まず世界救世教の大まかな歴史と、現況を概観した。世界救世教は、大本からの分派で、戦前にその前身教団が成立していたが、宗教活動を禁止されたため、今日の世界救世教は、戦後に再建されたものであった。この空白期間が如何なる意味を持ったかは、第3章で詳しく検討される。世界救世教では、究極的目標として地上天国の建設を掲げ、その為の実践としての浄霊、自然農法、芸術活動（救いの3本柱）が、教義・儀礼的には重要であった。特に病気治しの浄霊を重視しているため、療術系宗教として扱うことが出来る。この療術系宗教の成立背景や特徴については、次章で詳しく見ていく。

　組織構造上は、包括法人・世界救世教のもとに、3つの被包括宗教法人があることをはじめに確認した。しかも包括法人ではなく、被包括法人がそれぞれ実質的な教団運営を担っており、共同で包括法人を運営している。包括法人には教主が推戴されている。これが本書で、世界救世教をイエモト推戴的連合教団と呼ぶ所以である。その成立過程や、構造的特徴はのちに詳しく検討していく。

　次に教祖・岡田茂吉の生涯をみた。茂吉は、幼少期から病弱で、様々な病気を患った。彼は、医者にも治せなかったそれらの病気を、菜食療法などで独自に克服してきた。浄霊につながる〈救世教〉独自の身体観や、自然農法の教学的基礎にもなっている薬毒論は、このような過程で生まれた。のちに〈救世教〉の教義（教え）の基本となって行くような考え方が如何に生まれたか、それを確認することが出来た。

　最後に、二代教主までの時期の〈救世教〉の教えの基本と、その変化を概観した。教義・儀礼には、大本の影響があったが、次第に独自性を出していた。またその世界観の表現様式は、仏教的なものから神道的な表現へ展開

45

し、直接的病気治しから祈りへ、比重が移っていったことを確認した。また、茂吉の至高者性の揺れ（神の使い→メシヤ→神の使い）を指摘した。これらが、組織化とどのように関連していたかは、第3章以降で検討していく。ここで強調しておきたいのは、〈救世教〉には、独自の形而上学的教義がみられたが、のちにみるように、それは戦後になってはじめて公に説いたり、整備されてきたということであった。

註
(1) 自然発生的な宗教（自然宗教）に対して、創唱者（教祖）の明確な宗教のこと。創唱宗教においては、創唱者は特別な位置づけを与えられており、しばしば特殊な能力（カリスマ）の所有者とみなされる［鈴木1973］。
(2) 世界救世教の研究は、海外布教の研究が多く、石井研士がハワイ［石井1981］、藤井健志が台湾［藤井1993］、竹沢尚一郎がタイ［竹沢1995］、渡辺雅子と松岡秀明がブラジルの世界救世教の展開を扱っている［渡辺2001、松岡2004］。国内においては分派の研究がある［清水1973］［対馬1990］。その他、慶應義塾大学樫尾研究室による新宿教会を中心としたモノグラフ［樫尾編2000,2001］、MOA（Mokichi Okada Associatesの略、世界救世教・東方之光教団の外郭団体）の自然食運動を扱った報告［大谷編2003: 85-122］武井順介のライフヒストリーを使った一連の研究［武井2006ほか］などがある。ほかに、世界救世教いづのめ教団が用いているEM（有用微生物群）の研究もある［種田1998、吉野2009］。
(3) 大本は、開祖・出口なお（1836～1918、「ナオ」「直子」とも記される）と聖師・出口王仁三郎（おにさぶろう）(1871～1948、なおの娘婿）によって立教された教団である。なおが神懸かりして記した『筆先』(王仁三郎の編集によって『大本神諭』[出口ナオ1979a,1979b］としてまとめられた）、王仁三郎の『霊界物語』[出口王仁三郎1979］に表された世界観、特に「立替え立直し」という終末観（世直し思想）、「鎮魂帰神(ちんこんきしん)法」と呼ばれる霊術の使用が特徴であった［津城1990a］。1921（大正10）年、1935（昭和10）年の2度の「弾圧」（大本事件）を受けたことでも有名［大本七十年史編纂会編1964,1967、出口栄二1970］。研究史上は、歴史学や宗教史において、近代民衆宗教の代表的教団の一つとされた［村上1963、安丸1987］。また、宗教社会学において、例えば西山茂は、霊術系宗教の一つとして取り上げている［西山1988］。大本もしばしば教団名称が変わっているが、本稿では「大本」に統一する。

(4) 第3節で詳述するように、浄霊の名称や方法も変遷しているが、それを踏まえて表現する場合は、「〈浄霊〉」と記す。
(5) 世界救世教には、公益財団法人・自然農法国際研究開発センターなどの外郭団体があり、信者に限らず、自然農法の普及活動を行っている。非農家の信者にも、家庭菜園などを通じて自然農法への取り組みを奨励している。同センターでは、有機 JAS の認定を行っている。信者は、(株)瑞雲、MOA オレンジハウス（MOA は Mokichi Okada Assosiation の略）などの流通、小売店を通じて、自然農法産の食品を摂取することが推奨されている。
(6) 芸術活動については、国宝や重要文化財等を多数収蔵した、国内有数の私設美術館・MOA 美術館（熱海市）、箱根美術館の運営や、華道山月流の実践・普及などを行っている。特に花については、茂吉の次の文章を参照。「人心を美によって向上さす事も緊要である──中略──吾等が茲に提唱する処のものは美の普遍化に好適である花卉の栽培と其配分である、一般住宅其他の部屋に花を飾る事である」[岡田 1995c: 103]。
(7) この場合、茂吉を初代教主と数えているが、以下では茂吉は「教祖」とし、単に「教主」という場合には二代以降を指すものとする。
(8) 12月23日は冬至の翌日にあたり、1年のうちで陽のさす昼の時間の最も短い日から、ふたたび少しずつ陽のさす時間が長くなり始める、日に向かう第1日目であると意味づけられている［宗教法人世界救世教編 1994 上 : 8-9］。
(9) この地は地球の極東である日本の、東の都である東京の、その東である浅草の東端であり、茂吉はこの地から西漸したとされる。これは、それまでのあらゆる文化が西に始まり東漸したのに対して、「夜昼転換」（註24参照）を境目としての神の経綸であり、「東方の光」である茂吉が、それまで西から東へ押し寄せた濁水を一挙に清めて西へ押し返し、澄み切った「水晶世界」を造るとされている［岡田 1996g］。
(10) 体格が悪く、貧血や湿疹などを起こしやすい病弱な小児の状態。また、一般に体質虚弱で神経質なさまをいう。
(11) 日刊新聞。社会改良のため「理想団」の設立を提唱し、読者にも参加を呼びかけている。黒岩は盛んに講演会を開いており、茂吉は、しばしばこれを聞きに行っている［宗教法人世界救世教編 1994 上 : 75-77］。
(12) 茂吉は次のように記している。「私は若い頃哲学が好きであった。そうして諸々の学説の中、最も心を引かれたのは彼の有名な米国の哲学者ウイリアム・ゼームスのプラグマチズムである。──中略──私は其後宗教を信ずるに至って、此哲学行為主義をして宗教にまで及ばさなくてはならないと思うようになった、即ち宗教行為主義である」[岡田 1949: 18-19]。「直感の哲学」については次のように語

っている。「人間は誰しも教育、伝統、慣習等種々の観念が綜合的に一つの棒のようになって潜在しているものである。――中略――之が為、物を観る場合その棒が邪魔をする。――中略――物を観た一瞬、直感した印象こそ物そのものの実体を把握して誤りがない。随而(したがって)、確かに難病が治った事実を此眼で見たなら、そのまま信ずべきで、それが正しい見方である」［岡田 1996a: 15-16］。

(13) 丁稚制度を改め、経理部、庶務部、販売部などを設け、適任者をそれぞれの要職につけるなど、積極的な人材登用をはかったり、給与を月給制にして、歩合制を導入したり、週休制を採用し、店員の福利厚生にも気を配るなど合理的な経営が行われた［宗教法人世界救世教編 1994 上：158-167］。

(14) ごく薄い鏡を紙か絹布に貼って細かく割り、それを紙や絹布ごと金属やセルロイドの台に貼付けるというもの。日本を含む世界10か国で特許を取得している［宗教法人世界救世教編 1994 上：150-157］。

(15) 生来正義感が強かったとされる茂吉は、社会悪を矯正するような新聞の経営を考えていたという。その資金を得るために金融業にも手を出すようになっていた［宗教法人世界救世教編 1994 上：194-201］。

(16) タカは、1915（大正4）年に初めて出産したが、難産のため、生まれた子は間もなく亡くなった。その後、2度目の出産は死産であり、1919（大正8）年に生まれた子も、未熟児であったため、間もなく亡くなっている［宗教法人世界救世教編 1994 上：204-205］。

(17) 知人や親類に天理教、日蓮宗などを勧められ、また、黄檗宗の河口慧海を訪ねたと語っている［宗教法人世界救世教編 1994 上：220-221］。信仰に至るまでの前半生については、大本時代に書かれた文章が残されている［岡田 1994b］。

(18) 茂吉の姉、志づの息子。姉の死後茂吉は引き取って養育し、我が子のようにかわいがった［宗教法人世界救世教編 1994 上：65］。

(19) この間1921（大正10）年に、第一次大本事件が起っている。大本への官憲の干渉は1919（大正8）年頃からはじまったが、翌年の8月には『大本神諭 火の巻』［出口ナオ 1979b］が発禁され、近いうちの「弾圧」も確実と見られていた。茂吉が大本と距離を取ったのはこの頃に当たる。1921年2月12日の一斉捜索には200名を超える警察官が動員され、不敬罪等の容疑で王仁三郎、浅野和三郎（註20参照）をはじめ幹部らが検挙された（一審、二審は有罪、のちに大赦）。新聞等マスコミの大本批判キャンペーンも激しかった。開祖・なおの墓は明治天皇陵に似ていて不敬などとして、改築させられ、完成したばかりの本宮山神殿は、神社建設の許可を受けていないなどとして、破壊された［出口栄二 1970: 15-125］。

(20) 特に浅野和三郎（1874〜1937）の存在が大きい。浅野は旧制第一高等学校から東京帝国大学を出て、海軍機関学校で英語を教えていた秀才で、英文学者。三

男の病気が癒されたことをきっかけとして、大本の開祖・出口なおとその『筆先』に関心をもち、1916（大正5）年、大本に入信した。教学部門・大日本修斎会会長など教団の要職を歴任したが、第一次大本事件（註19参照）の後、なお死後の教団をリードした王仁三郎と次第に距離を置くようになり、1925（大正14）年、大本を離れる。大本在籍時の1923（大正12）年、心霊科学研究会を設立している。ヨーロッパの心霊主義・心霊実験に精通していた［松本1989］。後年、茂吉が浅野について語った文章がいくつか残されている。「尤も死後の問題に対しては欧米に於ても心霊研究家としてオリヴァー・ロッジ卿、マーテルリンク、ワード博士等の如きは名著もあり、斯界の権威でもある。日本に於ても故浅野和三郎氏の如きは心霊研究家としてその造詣も深く、著書も多数あり、数年前物故したが、私も聊か関係があったので惜しまれるのである」［岡田1947: 263］。「故浅野和三郎氏主宰の心霊研究会の集りの時であった。勿論私は会員であった」［岡田1950b: 20］。茂吉は、浅野の主催する心霊科学研究会の会員だった。同会の機関誌『心霊界』（1925年2月11日発行、一周年記念号）巻末に関係著名人一覧があり、岡田茂吉（「岡田商会主」）も名を連ねている。

(21)　当時茂吉が読んだ本の中には、J・S・M・ワード『死後の世界』、オリバー・ロッジ『死後の生存』があった［宗教法人世界救世教編1994上: 252］。註20も参照。

(22)　この記録は、皇室の運命に言及するものもあり、官憲の目に触れることをおそれて長い間しまわれていたが、後に焼却してしまった［宗教法人世界救世教編1994上: 259］。啓示中の「将来の世界の実相」を、後になってしたためたのが『二十一世紀』(1948年) である。序文に以下の記述がある。「私の唱える地上天国とは如何なる世界であろうかという事は、よく聞かれるのであるが、之に就いて私は一九二六年神示によって知り得た一世紀後の世界の状態であるが、今迄幾度書こうと思ったが、どうも時期尚早のような気がして今日に至ったのである」［岡田1995a: 109］。

(23)　「かつて人類が歩んできた道、これから歩もうとする道を見通し、過去の誤りを看破するとともに、人類の未来のあるべき姿を正しく指摘しうる境地」とされる［宗教法人世界救世教編1994上: 266］。

(24)　のちに機関紙『地上天国』(第12号、1950年) で以下のように説明している。「夜昼転換とは言うまでもなく、暗黒世界が光明世界に移るのであり、悪が滅び善が栄える時代となるのである。濁が清となり、害あるものは滅し益あるものが残るのである。キリストの唱えた天国も、釈尊の言われた弥勒の世も、此事でなくて何であろう」［岡田1950a］。宮田登によれば、旧暦6月15日は、牛頭天王信仰の祭りの日で、一年の真ん中に、穢れを祓い清める意味があったという［宮田・荒

49

木 1993: 6]。

(25) すべての事象は、まず霊界に起こって、そのことが現実世界に反映される(「霊主体従」)[宗教法人世界救世教編 1994 上: 338]。「霊主体従」は大本の教えから引き継いだものである。王仁三郎の『霊界物語―霊主体従』第一巻を参照[出口王仁三郎 1979]。

(26) 一時大本に関係した歌人の柳原白蓮は、大本内での茂吉の評判を次のように述懐している。「当時病気や何かを治す霊力ということになると、岡田さんは抜群だという噂でした。周囲の人が、岡田さんは偉い、特別な人間だ、というようなことを言っていました。教義の研究や宗教学では、他にも偉い幹部がいらしたかもしれませんが、霊の力となると岡田さんで、ほかの人はかなわない、ということでした」[世界救世教教祖伝編纂委員会編 1993: 238]。

(27) 岡田式神霊指圧療法は、以下のようにして行った。「観音力の御守りを首に懸け」、①「先ず初め、拍手を三つ、音のせぬ位、軽く打ち、人に聞こえぬ位の声にて、「惟神霊幸倍坐世(かむながらたまちはへませ)」を二回唱え、左手を、患者の右肩へ軽く当て、患者の頭を少し下げしめ、右手の人差指を以て、其頭脳の中心に、「此者清まれ」と三度、空中へ文字を書くべし。書くが否や直ちに、口先にてフーッフーッフーッと二三度息を吹き掛け、直ちに右手を開いたまま、頭上一寸位の空中を、出来る丈早く左右に擦りながら、度々息を吹きかける。此時間一分位にてよし」(お清め)、②「次に、患者に苦痛の個所、経過等、成可く詳細に訊ね、之に依って病原を指頭を以て探り当てる」(診断)、③「治療の原則としては、最初、患部へ向って、右の人指指を以て、「此中清まれ」と三回書く ―中略― 斯の如く、三回繰返し、直ちに指頭を患部に当て、軽く指頭に霊を集中させ、病原を解かす如き心持を以て、軽圧するのであるが、無論、刻々、息にて塵埃を吹き払う如く、治療中何回となく、行えばいい」(施術)[岡田 1994f: 184-185]。大本の鎮魂帰神法を髣髴させる[津城 1990a]。

(28) 講習は岡田茂吉『日本医術講義録』(1935 年)に基づいて行なわれた[岡田 1994f]。この講習は「観音講座」へと発展し、その本旨は今日の「入信教修」に受け継がれている。また「お守り」は、1962 (昭和 37) 年に「おひかり」と改められ、今日に至る[宗教法人世界救世教編 1994 下: 36,40]。

(29) 以後、足かけ 3 か月、7 回にわたって行われた[宗教法人世界救世教編 1994 下: 42]。

(30) ただし、のちにみるように、この時期の教義は、実際には広く説くことができなかったため、多くの信奉者までは浸透していなかったと思われる。あくまで、施術が中心であった。したがって、この講座の内容が重要だというのは、のちの教義の体系化の萌芽として、という意味である。

(31) のちに、茂吉は、著書で次のように説明している。「よく昔から神人合一という言葉があるが、実際から言って、そういう人は今迄に一人もなかったと私は思っている。――中略――神の取次者は、神憑りや神の命によって行動するのであるから、常に神や仏陀を祈り、その守護を仰ぐ事にしているのである。／処が私はそういう事は全然やらない。――中略――只自分が思うがままを実行していればいいわけで、甚だ簡単である」[岡田1996h: 21]。なお、引用文中の「／」は改行を示す。

(32) 「以前かいた著書に、私のお腹の中に光の玉があるという事で、之を読んだ人は知っているだろうが、此光の玉には今迄魂がなかった。処が愈々今日○から○った或高位の神様の魂が宿られた、即ち右の御魂が現世に生誕された事になるのである。之から此神御魂が段々御育ちになり、成人されるに従って、玉の光は漸次輝きを増し、将来大偉徳を発揮さるに到るのである」[岡田1996b: 695-696]。

(33) ヘブライ語に由来し、ユダヤ・キリスト教で救世主を意味するMessiah（英）をカタカナで表記する場合、「メシア」が一般的だが、〈救世教〉では「メシヤ」と表記するため、本稿ではそれに倣う。

(34) 面会で、以下のように語っている。「ずいぶん若くなってるよ私のほうは……（ママ）メシヤ降誕と言ってね、メシヤが生まれたわけです。言葉だけでなく事実がそうなんですよ。――中略――いちばんおもしろいのは、皮膚が赤ん坊のように柔らかくなる。それからこのとおり、髪の毛が生まれたと同じような……（ママ）床屋がこれを見て、子どもの頭髪だと言うんです。だんだん白いのがなくなって、黒いのばかりです。いまに黒髪になりますよ。だから、神様はおおいに若返れと、そして、仕事をしなきゃならんというわけなんです」[岡田1999: 8]。

(35) [宗教法人世界救世教編1994下: 654-8]。当日の大草管長の挨拶と思われる文章が以下のように機関誌に掲載されている「全信徒の皆様に、私から特に申し上げます。只今迄、私共信徒は『明主様』と呼び讃えて参ったのでありますが、今日この御祭りを期しまして『メシヤ様』と申し上げたいと存じます。その点、皆様の御了承を得たいと存ずるのであります。――中略――この『救世主』の出現―即ち、救世主という言葉は、世界に於ける最高最貴の御方を指して申し上げるものと思われるのでありますが、日本で申し上げれば『天照皇大御神様』にも相応するのであると思われるのであります。――後略」（『地上天国』第60号、1954年7月15日、4頁）。

(36) [石坂2006: 136]。同祝典直後の機関誌では、「メシヤ様」の呼称に改められた。「お断り／従来『明主様』と御呼び讃えて参りました御名は、六月十五日より『メシヤ様』と申し上げる事になりましたので、本号より既提出分の寄書、御蔭話中の『明主様』の御名も、謹んで『メシヤ様』と御訂正させて頂きます」（『地

(37) ただし、茂吉が大本に入信したきっかけは、既述のようにその社会変革思想もあったと思われる（本書 p.33 参照）。

(38) 仏、如来や菩薩等を、本体である神の顕現とみなす思想は、神仏習合思想の一つで、神本仏迹説と呼ばれる（その逆は本地垂迹説）。〈救世教〉の世界観は、基本的に神本仏迹説を取っている。

(39) したがって、1964（昭和39）年以前（かつ二代教主になった1955年以降）の「ご神体」が変更された頃に、変更されたと考えるのが自然だが、資料の制約上、確認出来ていない。

(40) 「大日本観音会会則」は、11条からなるが、その第1条に、「本会は大聖観世音菩薩の本願たる大光明世界建設の大業に参加活動するを目的とす」とある［宗教法人世界救世教編 1994 上: 401］。また、発会式の際の講話も「大光明世界の建設」であった［岡田 1994c］。

(41) 「地上天国」「ミロクの世」とも呼ばれている［岡田 1994c: 37］。今日の世界救世教では、「地上天国」という言葉が一般的である。また、理想世界を「地上天国」「ミロクの世」と呼ぶのは大本と同じである。

(42) このタテヨコ原理は図示されて、〈救世教〉の教団シンボルになっている。

(43) 1950（昭和25）年2月4日の『救世』第48号で、茂吉は自らのことを「使徒」と言っている［岡田茂吉全集編集委員会編 1998: 544］。ただし茂吉は1935（昭和10）年時点で、次のようにも語っていた。「自分であるか、観音様がやっているのか同一の様なものである。是は私も観音様も同一であるんであります」［岡田 1994i: 318］。茂吉が神（観音）の機関であるか、あるいはそのものか、両見解は初期から混在したが、その重点が次第に後者に移っていったというのがより正確である。

(44) 茂吉は機関紙『光』（号外、1949年5月30日）で、次のように語っている。「私の腹中に平常は直径二寸位の光の玉がある、之は見た人もある、此玉の光の塊から光波は無限に放射されるのである、然らば此光の玉の基本源はどこにあるかというと、之が霊界に於ける観世音菩薩の如意の玉から、私に向かって無限光を供給されるのである」［岡田 1995d: 170］。管見の限り、「光の玉」に関する教義の初見は、1948年12月1日発行の機関誌『地上天国』（創刊号）である。「私の腹の中にも丸い光の玉がある、その光が御守を通じて働くのである」（同9頁）。

(45) 茂吉自身が、1951（昭和26）年、次のように語っている。「考えてみると『明主』の言霊は、メシヤと五十歩、百歩だから、或はメシヤの名前になるかも知れないとも想っている」［岡田 1996d: 471］。

(46)　御教え集第26号（昭和28年9月6日）
(47)　津城寛文は、「鎮魂帰神」「鎮魂」「浄霊」の関係を次のように整理している。「『鎮魂帰神』あるいは単に『帰神』とは、――中略――種々の霊的存在者との――中略――交渉であり、特に限定的には、神霊の憑依を誘発する種々の実践を指す。――中略――いわゆる『神懸かり』の方法である。そしてそれと意識的に区別して言われる時の『鎮魂』とは、霊的存在の直接的統御を指し、特徴的には治病法を指す。『病気鎮魂』という用語が、一時期大本の幹部たちによって頻繁に用いられたのは、その傾向を端的に示すものである。そして世界救世教における『浄霊』は、他ならぬこの後者の治病法的意味での『鎮魂』を選択的に継承したもの」である［津城1990a: 207］。
(48)　「昭和7年春、月日は忘れたが、突如大本信徒である未知の青年が訪ねて来た。彼曰く、『今大本教内で、貴方の為に大問題が起っている。其訳は大本教で最も重要とされるお守りやおひねりを貴方が作って信者に与えているそうだが、之は神に対し大不敬である。一信者たる者が作るとは怪しからぬ。そういう異端者を生かしておく訳にはゆかぬから、大本教団の為、神に対する反逆者を誅伐する。もし止めなければ自分は一身を犠牲にし、貴方の生命を貰う。』と言い、懐中から短刀を出し畳に突刺したのである―中略―（その後、二人で；引用者補足）出口師（王仁三郎のこと；引用者注）に面会した。出口師曰く、『自分でさえお守りは出来ない事になっている。之は三代直日（この婦人は出口師の長女で三代様と信徒は言っていた）だけが、神様から許されているのであるから、信者が造る事は出来ないのだが、岡田さんは特別の人だから、あまり目立たないように造って呉れ。』といったので、彼も止むを得ず沈黙した」［岡田1995b: 324-325］。
(49)　ただし、ここにも大本の影響を推測させるものがある。王仁三郎の『霊界物語』第一巻（原著は1922年に出版）に、霊界で、深い地底に転落した際、大けがをしてそれを治す次の様なエピソードがある。「自分は身体一面の傷を見て大いに驚き「惟神霊幸倍坐世(かむながらたまちはへませ)」を二度繰返して、手に息をかけ全身を撫でさすってみた。神徳たちまち現はれ、傷も痛みも全部恢復した」［出口1979: 48］。また『王仁蒙古入記』(原著は1925年に出版)に、病人の額に手をのせ「悪魔よ、去れッ」と一括して病者を治したエピソードがある［出口王仁三郎1994: 178］。註27の神霊指圧療法と比較されたい。
(50)　1948年12月発行の『地上天国』創刊号に掲載された体験談で、非信者が信者のことを「お手振の神様が付いて居る」と言っている（22頁）。また別の体験談でも「手を振って如何なる難病も治しているとの朗報」(38頁)、「手を振る事に力を入れて」(40頁) とある。

(51) 島薗進は、日本の初期新宗教におけるカリスマ（教祖）の変容を論じた研究で、「呪術的カリスマ→教祖のカリスマ→至高者神話」の展開を指摘した。至高者とは、「人間の実存的危機に対する究極的な応答が可能であり、それは一個の至高の人格に完全な形で具現されている」と考えられており、このような観念の客観化＝神話化にともなって、初期に見られた呪術的カリスマが排除されていくという［島薗1982: 72］。

(52) 筆者が、今日の世界救世教（いづのめ教団）の機関誌『いづのめ』（2006～2007年発行分）の体験談24例を分類したところ、挙げられた人生問題の中では、病気や障害などの身体的苦しみが最も多い（複数回答も含め14件）。次に人間関係の悩みが続く（10件）。貧困も2件あった。また布教紙の『光明』（2007年発行分）では、34例中、実に33例が病気であった。いずれにおいても、生きがい喪失のような悩みはなかった。そういう意味では目新しさはなく、相変わらず世界救世教では病気治しが布教の最大の武器であることがわかる（初期の〈救世教〉の体験談分析は、第2章第2節を参照）。人生問題に対処する実践としては、両誌紙とも浄霊（を受けること）が最も多い（『いづのめ』15件、『光明』33件）。しかし『いづのめ』では、単独で浄霊のみというのはそれ程多くない（5例のみ）。先祖供養（11件）、教団の諸活動への参加（6件）、心の切り替え（4件）などが平行して行われている［隈元2008］。詳細は巻末資料の表2-2、表2-3を参照のこと。

第2章
療術系新宗教としての世界救世教

　既述のように世界救世教は、病気治しを主な布教の武器とする療術系宗教である。本章では、まず第1節において主に井村宏次の研究によりながら、明治以降、大正、昭和初期にかけて日本社会において展開した霊術ブームについて確認しておく。〈救世教〉成立の歴史・社会的背景を明らかにすることが目的である（2-1）。第2節では、同教を日本の近代霊術史のなかに位置づけ、その霊術（療術）の特徴を明らかにする（2-2）。最後に第3節で、日本における霊術（療術）系宗教の先行事例として蓮門教と太霊道を、国外の事例としてクリスチャン・サイエンスとサイエントロジーを、療術系宗教ではないが一元的教団統合に成功した霊術系宗教の事例として大山祇命神示教会をそれぞれ取り上げる（2-3）。

2-1　背景としての霊術ブーム

　明治維新以前の日本の正統な医療は漢方医学であり、その他修験の山伏による祈祷や民間信仰なども一般的であった［井村1984: 118-124］。幕藩内部における医師の身分制は存在したが、全国的な医師養成施設も医師免許も存在しなかったため、医師になりたい者は、その旨を届けて師匠について学んだ後、独立した。医療費も決まりはなく、寸志にまかされ、事情によっては無料で施療した［井村1998a: 7］。
　明治政府は西洋医学の導入を進めた。この時期には、西洋医学と漢方医学（皇学医道）との抗争があった。1874（明治7）年、医制（文部省布達）が公布

され、新規開業には、西洋式の基礎医学、臨床学の試験に合格することが要求されるようになる。1883（明治16）年、医師免許規則、医師開業試験規則（いずれも内務省布達）が制定され、1906（明治39）年、医師法（内務省令）が制定されると、医師免許の資格は大学および医学専門学校卒業者に限られることになった［厚生省医務局編1976、井村1984: 124-128］。そのような中、各地に医師会の設立があり、医療費に規定額が定められるようになっていくが、一般民衆にとっては、それは決して安くないものであった［霊界廓清同志会編1928、井村1998a: 9］。

また、明治10年代（1878～83年）の脚気論争[(1)]においても明らかなように、開明期の西洋医学が、治療実績（効果）において必ずしも漢方医学より優れていた訳ではなかった。

西洋医学の導入と平行して、1872（明治5）年の修験宗の廃止（太政官布告）[(2)]、翌年の「梓巫市子憑祈祷狐下ケ等ノ禁止」（教部省達）[(3)]によって、宗教的信仰治療の主流を為した修験道とその伝統が壊滅的打撃を受けていた。

しかし民衆が長い間親しんできた漢方医学や、その周辺の祈祷、信仰治療に対する潜在的な需要は依然として旺盛で、この後の霊術ブームを育む土壌を為すことになる。

井村は、日本近代霊術史を五期に分けて詳述している。第1期は、明治初期の気合術ブームである。気合術は修験道などの伝統を受けたもので、大道芸として発達した奇跡術・危険術なども利用しながら病気治しを行った。第2期は、明治30～40年代（1897～1912年）の催眠術ブームである。催眠術は、心理学や西洋スピリチュアリズム[(4)]の影響などを受けていた。東京帝国大学助教授・福来友吉の千里眼・念写実験[(5)]などが有名である。第3期は、それまでの流れを受けた大正期（1912～1926）の霊術家全盛時代である。大本、太霊道という霊術系宗教が隆盛を極め、一説に3万名にのぼったと言われる有象無象の「霊術家」などと呼ばれる民間療術家が、活躍した［霊界廓清同志会編1928: 自序 p.3］。

ところが、そのような霊術家全盛の時代は、長くは続かなかった。1930（昭和5）年11月、東京警視庁が、「療術行為ニ関スル取締規則」（警視庁令第43

号)⁽⁶⁾を出して以降、全国で同様の取締規則が制定されたため、霊術家たちは再編され、「宗教家」になるものもいた。これが第4期である。そして第5期で、この霊術的宗教家たちが、戦後の新宗教ブームにつながっていくと論じられている。

2-2 日本近代霊術史における世界救世教

　信仰治療家として出発した岡田茂吉の登場もそのような流れに棹さしている。先述のように、彼は、1919（大正8）年頃から宗教遍歴を始め、翌年、大本に入信した。当時は霊術ブームの全盛時代（井村の時期区分では第3期）であった。また茂吉が所属した大本には、日本の霊術・スピリチュアリズム研究・実践の大家である浅野和三郎⁽⁷⁾がいた。茂吉は、彼の翻訳で西洋のスピリチュアリズム関連の本を読んだり、浅野が1923（大正12）年に設立した心霊科学研究会に、参加していた。〈救世教〉の多層的霊界観⁽⁸⁾には、西洋スピリチュアリズムの影響が看取できる。

　茂吉が独自の治療法を確立したのは、1934（昭和9）年頃のことで、5月に応神堂を開業し、「岡田式神霊指圧療法」の施術を行った⁽⁹⁾。前掲の『霊術と霊術家』にも様々な触手術、手技療法が紹介されている［霊界廊清同志会編1928］。霊術家の中にはメスメルの動物磁気説の影響を受けたものも多かった⁽¹⁰⁾。1935（昭和10）年、茂吉は大日本観音会を発会するが、昭和10年代（1935～1944）の宗教取締の中で、茂吉は医師法違反を問われ、療術行為の禁止措置を命じられている。霊術家たちの再編の流れ（井村説の第4期）の中で、彼は民間療術の指導者⁽¹¹⁾としての活動を余儀なくされることになる。

　茂吉の場合、戦後、信教の自由が認められても、しばらくは民間療術としての活動が継続された。しかし、単なる療術に留まらなかった彼の志向は、やがて宗教家としての再出発へと向かった。そこには、「療術の危機」という偶然も重なっていた（第3章第2節参照）。世界救世教の前身・日本観音教団は、戦後の新宗教ブーム（井村説の第5期）を牽引した教団の一つであった

が⁽¹²⁾、浄霊による治病が最大の武器であった。当時の日本社会は、医療保険制度が充分に整備されていなかったことに加え、医療資材の不足と戦後インフレによって医療費が高騰し、特に貧しい人々にとって病気（それに伴う更なる貧困という悪循環）は深刻な問題であった。

「もはや戦後ではない」（『昭和31年度経済白書』）⁽¹³⁾と言われた1956年当時でも、約2,871万人（総人口の約32％）にのぼる国民が保険未適用状態に置かれていたが、その多くは国民健康保険が未だ実施されていなかった大都市住民と、健康保険（職域保険）の適用外となっていた5人未満事業所の従業員たちなどで［厚生省大臣官房企画室編 1956: 170-171］、この階層は、新宗教信者の多くを供給したことが知られている［鈴木広 1963,1964］。戦後、階層別格差は、戦前に比べ平均化しつつあったが、1952〜3年頃から再び拡大する傾向にあり、貧困問題は大きく社会問題化していた。「果たして「戦後」は終わったか」とも言われた⁽¹⁴⁾。今日のような「国民皆保険」の成立は1961（昭和36）年のことである⁽¹⁵⁾。そのような時代・社会状況において、観音教団の治病儀礼は大きな魅力となっており、同教団の急成長の要因となった。

当時の日本観音教団の機関誌『地上天国』創刊号（1948年）の「おかげ話」（pp.19-50）に掲載された体験談（そのほとんどは入信動機）全42を、主要な人生問題で分類すると次頁の表2-1のようになる（ただし複数・複合的な問題が含まれているものも主要なもののみカウントした）。それらは、多い順に、①病気・障害27、②天災5、③事故・けが3、④生業3、⑤家庭問題2、⑥貧乏1、⑦その他1となっている。これだけを見ても、当時の〈救世教〉信者のほとんどが、病気治しを大きな魅力と捉えていたことがわかる。また病気に限らず、ほとんどの人生問題の解決手段は浄霊である。天災のように突然襲ってくるものに対しては、ただ「カミ」（光明如来・観音）に祈ることぐらいしか出来ないだろう（A-1、A-6）。家庭問題（A-7）、貧乏（A-19）などのようにやや抽象的な問題（苦難をもたらす対象が不明確）については、御守護願い、祈願が行なわれている。しかし、病気、障害、事故、怪我など問題がはっきりしているものは、浄霊でほとんど全てうまくいくと考えられたようである。

人生問題の解釈（なぜそのような問題がおこったのか）は、ほとんどの事例で

第 2 章　療術系新宗教としての世界救世教

表2-1　日本観音教団・体験談の分析

事例番号	性別	所属	記事タイトル	人生問題	解釈	実践	解決（結果）
A-1	男	五六七教会（福井）	福井地方震災田畑教導所関係会員一同御守護報告書	地震（天災）		光明如来に祈る	命を救われる家の倒壊を免れる
A-2	男	五六七教会（福井）	地震に於ける御守護の実情	地震（天災）	徳が足りなかった		命を救われる家は崩れたが、ご神体は無事
A-3	男	五六七教会（石川）	大聖寺震災より観音力を拝して	地震（天災）			教導所が無事だった
A-4	男	五六七教会（奈良）	特別御利益報告	漁の網が泥に埋まる		観音、本部に祈る	網が無事あがる
A-5	女	五六七教会（大分）	超化学の奇跡	味噌麹づくりがうまくいかない（その他）		光明如来（観音）に祈る 霊気を入れる（浄霊のこと？）	味噌がうまく出来る
A-6	女	五六七教会（兵庫）	水禍よりのがれて	水害（天災）		光明如来（観音）に祈る 浄霊	水禍を逃れる
A-7	女	五六七教会（奈良）	有難き観音の御守護	家の相続問題（家庭）胸部疾患		大先生（茂吉）へ守護願い 浄霊	家庭の円満解決 割合元気
A-8	男	五六七教会（愛媛）	光溢るる吾が家	家族の病気（病気）		ご神体（光明如来）を祀る 大先生（茂吉）へ面会	病人がいなくなる
A-9	男	五六七教会（愛知）	感電死より蘇る	仕事中に感電（事故）	お守り（お光り）を身につけていなかった	浄霊	命を救われる
A-10	女	五六七教会（東京）	偉大なる力	急性肋膜炎・神経質な性格ほか			病気が治る 性格が明るくなる
A-11	男	五六七教会（鳥取）	漁り豊かになった話	漁の成績が良くない（生業）		浄霊 教修を受ける	漁の成績が良くなる
A-12	男	五六七教会（石川）	荷車にひかれた子供の御守護	子供が荷車にひかれる（事故）		浄霊	多少の痛みだけで済む
A-13	女	五六七教会（埼玉）	御守護の数々（一）	腰痛（病気）		浄霊	腰痛が治る
A-14	女	五六七教会（埼玉）	御守護の数々（二）	子供が急性肺炎にかかる（病気）		祝詞を上げる 浄霊	病気が治る
A-15	女	五六七教会（埼玉）	御守護の数々（三）	近視（障害）		浄霊	視力が良くなる
A-16	女	五六七教会（埼玉）	御守護の数々（四）	病気 家庭不和		浄霊	病気が治る 家庭円満
A-17	女	五六七教会（埼玉）	御守護の数々（五）	妹の腹痛・腰痛・気狂い（病気）		浄霊 御書体お祭り	病気が治る
A-18	女	五六七教会（栃木）	四ヶ月目に出た針	娘の足に針が刺さって体内に入る（事故）		浄霊	痛みがなくなる 針が出てくる
A-19	女	五六七教会（三重）	貧から教はる	貧乏		観音へ祈願	仕事が増える
A-20	男	五六七教会（石川）	夢の奇蹟	身体のむくみ（病気）		浄霊を受ける 浄霊を施す	むくみが取れる
A-21	女	五六七教会（石川）	麻薬より免れ得た歓び	麻薬中毒（病気）		浄霊	麻薬中毒から救われる
A-22	男	五六七教会（愛知）	澤市の奇蹟をそのままに	娘の眼病		浄霊	眼病が癒える
A-23	男	五六七教会（岐阜）	絶望から光明へ	腹膜炎（病気）		「御光り」を受ける（浄霊のことか？）	病気が治る
A-24	女	五六七教会（茨城）	十年間の胃病と光明へ	胃下垂（病気）		浄霊	病気が治る
A-25	女	五六七教会（神奈川）	絶望より救はる	腹膜炎（病気）		参拝 浄霊	病気が治る
A-26	男	五六七教会（栃木）	突然中風状態になった母が忽ち回復	中風（病気）		浄霊	病気が治る
A-27	女	五六七教会（三重）	見放された病が癒った話	白血病		浄霊	病気が治る
A-28	女	五六七教会（鹿児島）	観音様の御霊徳によりて	脳溢血・半身不随		浄霊	病気が治る 手が動く
A-29	女	五六七教会（愛知）	浄霊に依って女児誕生	子供ができない（家庭）		浄霊	女の子が生まれる 家庭が明るくなる
A-30	男	五六七教会（愛媛）	観音様の救いの御手に	肺結核（病気）		浄霊	病気が治る
A-31	男	五六七教会（栃木）	全焼の村で一軒だけ焼け残った我が家	火事（天災）			家が焼け残る
A-32	女	五六七教会（群馬）	更生の喜び	冷え性（病気）		浄霊	病気が治る
A-33	女	五六七教会（三重）	死線を越えて	結核（病気）		浄霊	病気が治る
A-34	女	五六七教会（静岡）	世紀の奇蹟　幼児カリエス快方に向かう	幼児カリエス（病気）		浄霊 教修を受ける	病気が快方に向かう
A-35	男	五六七教会（石川）	瀕死のうるしかぶれより救はる	漆かぶれ（病気）		浄霊 特別御守護願い	かぶれが癒える
A-36	男	五六七教会（栃木）	身体不随の長女と次女は全快 三女は母乳のみで生育	娘の身体不随など（病気） 母乳が出ない		浄霊	病気が快方に向かう
A-37	男	五六七教会（岐阜）	お力を受けた喜び	息子の耳が聞こえづらい（病気）		浄霊	聴力が回復
A-38	女	五六七教会（愛知）	地上天国近き吾家	恥骨カリエス（病気）		浄霊	病気が治る
A-39	男	五六七教会（愛知）	感謝報恩	胃病		浄霊	病気が快方に向かう
A-40	女	五六七教会（神奈川）	妙智力の現れ	発作（病気）	先祖のたたり	ご神体を頭にのせる 浄霊	発作が治まる
A-41	男	五六七教会（東京）	御利益御守護を賜ったる一例	馬の脳症（生業）		浄霊	体調が良くなる
A-42	男	五六七教会（福岡）	馬も救はる	馬の病気		浄霊	病気が治る

資料：『地上天国』創刊号、1948年より筆者作成
※同誌は当初日本五六七教会から発行された

触れられていない。先祖のたたりを挙げているもの（A-40）もあったが、この事例ではまず浄霊が行なわれている。しかし、それで効き目が無かったため、家の者に家族の中で変死した人がいないか尋ねたところ、関東大震災で姉と付き添いの看護婦が亡くなっていることが判ったというものである［地上天国1948: 48-49］。浄霊が効かない時に初めて、そのような解釈枠組みが持ち出されているのである。

　したがって、当時の〈救世教〉においては、ほとんどの問題は浄霊によって解決されるため、問題の解釈はそれ程重要ではない。「解釈」は、いわば「苦難の神義論」であり、世界観や宗教的形而上学が関わっている。〈救世教〉では、結果的にその部分が後景化していたと言えよう。

　前章で明らかにしたように〈救世教〉は、大本の「鎮魂」を独自に展開させた病気治しに特化するかたちで立教された。また、かなり早い段階より、講習を受けると、誰でもその治病儀礼（施術—浄霊）を行えた。すなわち、〈救世教〉の用いる霊術は開放度の高い療術型であった。この療術の背景に、既に述べた「霊主体従」の世界観があるが、このような身心相関理論は、日本近代の霊術・催眠術ブームと軌を一つにしている。療術型の性質は、運動の拡大局面では有利に働くが、組織統合の面で困難を抱えるであろう。秘儀が「技術」的に伝達されうるので、ややもすると医者と患者（client）のように、一時的・流動的関係となるからである。

　さらに、特殊的事情として、戦前より民間療術としての活動が長く続いたことで、宗教的教義（「教え」）の整備が不充分な状態であり、また社会的統制により表に出すこともできなかったことを特筆しておくべきである。この点が、〈救世教〉における組織の分散化を加速させたのである。

2-3　療術系新宗教の他の事例

　次章以降で〈救世教〉の検討に入る前に、ここで、日本における療術系新宗教の先行事例として、蓮門教と太霊道を検討する。次に国外の療術系

宗教の事例としてクリスチャン・サイエンスとサイエントロジーを紹介する。国内と国外では法的・社会的環境も異なるため、単純な比較は出来ないが、参考になる点もある。最後に療術系宗教ではないが、霊術系宗教で組織化に成功した事例として大山祇命神示教会を取り上げる。

(a) 蓮門教の場合

　蓮門教の創始者・島村みつは1831（天保2）年、現在の山口県の農家に生まれた。1847（弘化4）年、小倉の商家・島村音吉と結婚し小倉に渡る。明治初年、重病にかかり医者も薬も効果がなかった。ところが、小倉藩士・柳田市兵衛（1843～77年）の祈祷によって全快したことをきっかけとして、「事の妙法」[16]を学び、「事の妙法敬神所」を開く。「神水」による治病などによって信者を集めるが、男女混交の「お籠り」への批判や治病に関するトラブルなどによって警察から解散を命じられる。

　1882（明治15）年、上京して神道大成派[17]に所属し、蓮門講社を名乗る。当時のコレラの流行等を背景に、神水を用いた病気治しで教勢を拡大し[18]、一時は約90万人といわれる信者を擁した[19]。1889（明治22）年、東京・芝田村町（現・港区西新橋）に本祠宇（神殿・本拠地）を設置した。

　1891（明治24）年、『読売新聞』に蓮門教をモデルとした連載小説「紅白毒饅頭」（尾崎紅葉・作）が掲載された。1894（明治27）年、『萬朝報』で3月から10月まで全94回、「淫祠蓮門教会」と題した同教攻撃キャンペーンがはじまった[20]。同キャンペーンの影響は大きく、世論の批判を煽り、官憲を動かした。以後、蓮門教の教勢は衰退する。具体的には同年4月にも警察の内偵が入っており、以前から準備が進められていた大成教からの別派独立は、内務省社寺局の意向もあって頓挫する。同月30日、みつは大成教から蓮門教教長の職を解任される（1897年に復帰）。また同年5月、大成教より、蓮門教の最大の布教の武器であった「神水」の禁止を含む11項目の「改革条項」が通達された。

　1897（明治30）年、みつの子（養子？）で教団の副教長を務め、後継者として期待された信修（1867年～）が急逝する。1904（明治37）年、みつは逝去し

た。遺言によって後継者は島村仙修（1894〜1931年、信修の子）とされたが、当時若干11歳で、後見人に信頼の厚かった上村甲子郎が選ばれていた。しかし間もなく、大成教と蓮門教の間で争いがおき、仙修らの「正統派」は1911（明治44）年、大成教から独立し、上村らは同教に残った。「正統派」は「神道統一教」と名を変え、1914（大正3）年には扶桑教傘下に転じたが、仙修は生来病弱でもあり早世する。教勢は急速に衰え[21]、蓮門教はやがて完全に消滅するに至った[22]。

　武田道生は、蓮門教の崩壊過程を①国家神道体制下の軋轢→②マスメディアによる問題の発掘→③世論の形成→④警察・国家権力の介入というプロセスで描いた［武田1983: 38］。一方、奥武則は教団の内的要因に着目し、蓮門教の滅亡要因として①組織の脆弱さ、②後継者難、③宗教的脆弱さ、を挙げている［奥1988: 191-195］。さらに西山茂は、奥の見解を整理して、以下のように述べている。「『ご神水』のような現世利益を強調して教勢を伸ばした蓮門教には、①万人を対象とした世界救済を有効に説けなかったという教義的な普遍性の欠如と、②教祖の生前に、教祖カリスマを継承可能で客観的な他のもの（後継者の位座や教義的に位置づけられた場所・儀礼）のなかに転封する作業（カリスマの制度化）の欠如、それに、③発展する教団のライフ・ステージに即して外部環境への有効な対応をはかる複数の有能な幹部の欠如という3つの欠如があった、ということになろう」［西山2012］。

(b) 太霊道の場合

　太霊道の創始者・田中守平は1884（明治17）年、岐阜県恵那郡の貧しい農家に生まれる。国粋主義的雰囲気で育ち、若干11歳にして地方雑誌に文章（「忠君愛国士の平生」）を投稿している。16歳の時上京して、働きながら日本大学、東京外国語学校等で遊学する。

　1903（明治36）年、明治天皇へ対露主戦論の上奏文を持って直訴を図った。警察に捕らえられて不敬罪の詮議を受けた彼は、故郷に送還され蟄居を余儀なくされる。1905（明治38）年、守平は4ヶ月間あまり、山中に籠って勉学と瞑想にあけくれ、絶食を試みて神秘体験をする。山を下りた彼は時勢の透

視や特異な治病能力を発揮し出したが、政治運動への志は捨てがたかった。

翌1906年、名古屋に出て「大日本帝国青年会」を発会し、児玉源太郎大将の知遇を得て上京する。1908(明治41)年、守平は彼の動向を憂慮した警察に捕らえられ、東京監獄に一年余り抑留された後、再び故郷に送還される。そこで山中修行を再開し、宇宙精神「太霊」の原理を感得する。1910(明治43)年、それを『太霊道真典』としてまとめた。

翌年、東京霊理学会を設立。その「霊理学」(理論面)・「霊子法」(実践面)の施術を公に開始する。生命を宇宙精神である太霊から発せられる「霊子」ととらえ、それを操作(「霊子術」)することによって様々な不都合を解消することができると考えられた。

1916(大正5)年、東京麹町に太霊道本院を開設した。宗教的療術の施術と霊術家の養成を本格化する。霊術家志望者は講授会を受けて地方に散り、各地に道場をつくった。これらの道場は非常に独立性が高かったようである[23]。1917(大正6)年、機関紙『太霊道』を発刊する。その後、新聞等での大々的宣伝活動によって多くの信奉者を獲得した。

1919(大正8)年7月、守平は、布教のため東京に出てきた大本の浅野和三郎と対決する。問答は平行線に終わったが、守平は浅野の鎮魂を受けることになり、その結果は、大本の機関誌等で「邪霊的発動」を示したとされ、天狗憑きと喧伝された[井村1984: 291-295]。

後年、茂吉は守平について同様の見解を示している[24]。

1920(大正9)年、故郷の岐阜県恵那郡に太霊道恵那本院が落成。落成式には数万の信奉者が集まったという[井村1984: 16]。この頃が太霊道の教勢のピークで、発着する大量の郵便物のため郵便局が設置され、押し寄せる信奉者や訪問客のため国鉄大井駅が開設された。

守平は「太霊道中学」や「太霊道精神病院」の建設を構想していたというが、程なくして恵那本院は事故により焼失した。1928(昭和3)年の守平の急死により、太霊道は事実上瓦解した[井村1984、西山1988]。

以上の事例から、療術系宗教の本来的な不安定性を看取できる。太霊道の

消滅要因は、主に参照した井村の文献においては必ずしも明らかではないが、蓮門教と同様に、霊術による個別の現世利益にとどまらない世界救済等の普遍的教理の欠如と後継者・組織者の欠如［西山2012］はまず指摘できるだろう。組織的脆弱さという面では、そもそも守平自身がどの程度組織化を望んでいたか明らかでない。この点、教団の合法化を行い、遺言を残して教団の将来を案じていたみつとは異なる。加えて太霊道では、霊能者を促成栽培していた点も見逃せない。井村はそれを「フランチャイズ・システム」と呼び、明治末の霊術家が考えだしたものとしている［井村1984: 291］。この点は、〈救世教〉と通じるところがあるが、のちに触れる。

　蓮門教と太霊道は、宗教的療術（神水と霊子術）によって急速に教勢を拡大したが、創始者の死後、急速に衰えた。①教えの普遍性の弱さ、②組織の未成熟を共通して指摘できた。また、両教団の事例には、信教の自由が充分に達成されていなかった戦前の宗教運動をとりまく社会環境（宗教法／行政）の影響も大きかった。蓮門教（その全盛期は明治20年代）、太霊道（全盛期は大正後半から昭和初年にかけて）から時代が下るとはいえ、戦前までの〈救世教〉にも共通する面があった。しかし〈救世教〉は、ある程度の形而上学的な教義を整えて、戦後も生き延びた。ここから、戦後の信教自由の社会において、療術系新宗教がどのように組織化されうるかという新たな課題も明確になったと言えよう。

(c) クリスチャン・サイエンスの場合

　クリスチャン・サイエンス（キリスト教科学）の創始者、メアリー・ベイカー・エディ（Mary Baker Eddy、1821～1910）は、アメリカ合衆国・ニューハンプシャー州に生まれ、敬虔なクリスチャンの家庭に育った。メアリーは、1843年に最初の結婚をするが、夫は翌年病死した。彼女は、1853年に再婚するも、家庭生活はうまくいかず、体調を崩した。

　1862年、メアリーは、磁気療法や心的暗示によって病気を治していたP・クインビーと出会い、同種療法を実践する。彼女の体調は改善し、クインビーからは信仰上も大きな影響を受けた。1866年1月、クインビーが死去し、

その翌月、メアリーは、路上で転倒して重傷を負う。その治療の際、彼女は医薬を拒否し、聖書の「癒やし」を経験した。その後、聖書を宗教的に探求し、クインビーの理論と治療法とは決別する。新たに彼女が到達したとされる神の法則に基づく癒しは、クリスチャン・サイエンスと名付けられ、次第に信奉者を増やしていった。

1875年、メアリーは、『科学と健康― 付聖書の鍵』(Science and Health with Key to the Scriptures) を著す。1876年、キリスト教科学協会（Christian Science Association）が組織される。1879年、科学者キリスト教会を設立した。1881年、ボストンにマサチューセッツ形而上学大学（Massachusetts Metaphysical College）が開校される。同協会や同校は1889年に解散されたが、ボストンのメアリーの生徒たちによって活溌な活動が展開され、1892年、第一科学者キリスト教会が設立され、教会組織が再編された。以後、同教会を「母教会」として、組織は拡大した。現在、世界68カ国に、約2,400の教会・支教会がある。

「教え」の特徴は、神は本来善きもののみを創造したが、人間の意識の歪みによって、悪や苦しみが生み出された。したがって、それらは実際には実在しないもので、病気なども癒すことが出来るというものである［井上ほか編1996］。

メアリーの宗教的探求の始まりは、療術家・クインビーとの出会いであった。しかし、彼女は、敬虔なクリスチャンの家に生まれ育ったこともあって、のちにクインビー流の療術から離れて、形而上学的教義を編み出した。クリスチャン・サイエンスは、療術団体が、宗教化した古典的事例の一つである。同教の人間観、身体観は、〈救世教〉にも見られる、日本新宗教における生命主義的救済観と似ている。

(d) サイエントロジーの場合

サイエントロジーの創始者、ラファイエット・ロナルド・ハバード（Hubbard, L. Ron, 1911～1986）は、アメリカ合衆国・ネブラスカ州で、海軍士官の父と獣医の娘の母の間に生まれた。ハバードは成長するにつれ、自分が何か偉大なことのために運命づけられていることを確信するようになったと

いう。1930年代後半に彼は、雑誌に空想科学小説を投稿して暮らしを立てていた。1933年から50年までの間に、彼は200冊以上の小説、脚本などを書いたと言われる［Cowan and Bromley 2008=2010: 34］。

ハバードは第二次大戦中、軍役を勤め、著作活動はいったん休止していたが、1940年代後半から再開し、1950年、『ダイアネティックス——心の健康のための現代科学』(Dianetics : The Modern Science of Mental Health) を刊行する。「ダイアネティックス」はギリシア語の「dia」(〜を通して) と「nous」(魂) に由来し、「魂を通して」を意味するとされる。人間の精神的本質は、無数の過去（母胎時を含む）の喪失、苦痛や無意識の否定的経験（「記憶の痕跡」）に囚われて制限されてしまっている。しかし、ダイアネティックス療法によって、これらが「クリアー」(clear)にされ、その人は人間本来の状態を回復できる、とされた。同年、彼はダイアネティックス研究基金を創設し、教室を開いて、彼が開発したカウンセリング技術「オーディティング」[25]を人々に伝えた［同上 : 35-36］。しかし、「当時は、まったく宗教的性格がなかった」［Wilson 1970=1972: 201］。

ハバードは1950年代初頭、ダイアネティックス実践者の前世経験を「調査」し、人間の精神的本質は「セイタン」(Thetan) であり、宇宙を構成する純粋な力（セータ）に由来すると考えられるようになった。人間は「受肉」した精神的存在で、生まれ変わり（「再受肉」）を繰り返すという。「過去の記憶」は、前世まで拡大される。「ダイアネティックスは、知識の形而上学的理論を内包する、より広範囲にわたるサイエントロジーに吸収され」た［同上 : 202］。1954年、サイエントロジー教会（Church of Scientology）を創設した。教会によれば、50年代の終盤には、ダイアネティックスを用いる集団の数は全米で750に及んだとされる。サイエントロジーでは、会員がオーディターになる訓練を受けて、相互にオーディティングを実施することも奨励されている［Cowan and Bromley 2008=2010: 36-43］。

サイエントロジーの教会は「オーグ」(Org) と呼ばれ、本部教会（カリフォルニア州ロサンゼルス）の非常に強い管理下におかれている[26]。オーグでは毎週、キリスト教会の礼拝に似た日曜礼拝がおこなわれるが、ダイアネティッ

クス（オーディティング）と直接関係はなく、多くのサイエントロジー会員にとって中心的なものではない。礼拝に参加するのはほんの一握りの熱心な会員だけという［同上：46］。

サイエントロジーの治療は、かつてはアメリカで医療給付も受けていたが、政府の諸機関と軋轢をおこし、医学的効果があるような誤解を与えるとして1963年、連邦食品医薬品局（FDA）の家宅捜索を受け、1971年には起訴された。サイエントロジーは、治療を宗教的なものと主張し、裁判所はそれを認めたが、以降、医療給付の請求は禁じられた［同上：49］。これ以外にもサイエントロジーは、各国でしばしば社会問題化しており[27]、そもそもサイエントロジーは宗教かという問いが繰り返されている。

コーワン（Cowan, D. E.）とブロムリー（Bromley, D. G.）は、その理由として「大多数のサイエントロジストにとって毎週の礼拝が二次的な行為にすぎないものであることは、多くの人々にとって「教会」と称する集団としての条件を欠くもの」［同上：52］、また「宗教の装いのもとで治療的サービスによく似たものを提供することによって、宗教的実践と非宗教的な治療の間の境界線を曖昧なものにしている」ことなどを挙げている［同上：53］。

サイエントロジーは、療術団体が療術系宗教へ変化した事例として興味深い。宗教団体への変化は、療術（ダイアネティックス）が宇宙論や形而上学的理論（サイエントロジー）へ包摂されたことをきっかけとした。同教団は、極めて強固な組織を構成しているが、その宗教的側面へのコミットメントは、特に一般会員にとっては重要ではなく、しばしば企業的と称される。それがサイエントロジーの宗教団体としての不安定性につながっていた。

(e) 大山祇命神示教会の場合

大山祇命神示教会は、横浜で銭湯を営んでいた稲飯定雄（供丸斎、1906〜1988）に1946（昭和21）年、神（大山祇命）が降りたことによって1953（昭和28）年に成立した宗教である（法人登記は前年）。

稲飯は富山県出身だが、親戚筋を辿って東京の軍服屋に奉公に出、のちに独立開業した。若い時から易学を学び、人相、手相等を実践した。戦後、横

浜に銭湯を開業したが、咽頭がんの治病を願って祈るうち、神が降りたとされる。1954（昭和29）年、降神祭が行なわれ、幹部ら7人に神が降りた。昭和40年代、支部組織の下で教勢は急速に拡大したが、年に一度の大祭（教祖に神が降りた9月23日）には、全信者に横浜の本部への参拝を奨励した［神奈川新聞社編1986: 113-136］。

1975（昭和50）年、支部長による婦女暴行容疑の「50年事件」で教祖も連座して逮捕されるという一大スキャンダルが起こり、教会は危機に瀕したが、宮元分教所長・森日出子（供丸姫、1949～2002）[28]とその一族[29]が事態を収拾し、教会行政を掌握した。その過程で、初期には教祖と共に神が降りたという妻・マサ子（供丸孃）、後継者と目されていた長男・哲也（若先生）や、幹部・有力支部長らを廃し、1977（昭和52）年、「本部統合」を成し遂げた。支部は布教所に整備され、班長は信者係となった。以降教会の組織は支部制から、本部一括の一元的組織となった。教勢は以後10年間で、約5万から約70万にまで膨張した［同上: 137-196］。

大山祇神は「運命の神」とされ、悪因縁を断ち切ることが重要なこととされる。憑依による神示が教えの中心で、信者のあらゆる相談に応じるが、初期に複数の幹部に許された憑依は、「50年事件」以後は、供丸斎、供丸姫の2人の「使者」に限られることになった。病気治しの秘儀としては手かざしによる「加持」、本部で九字を切って遠隔地の治病をおこなう「加持祈祷」がある。1985（昭和60）年5月の相談件数は1万7千件あまりに達し、内分けを見ると、病気がトップで5,027件、家族問題が次いで4,574件だった［同上: 242-243］。

大山祇命神示教会は、病気治しに特化したというよりは、予言等の魅力によるところも大きく、療術系とは言えないかもしれない。しかし、霊術系宗教で組織化に成功した事例として、ここで取り上げた。同教会が組織化に成功した要因としては、①強力なリーダーの存在、②単なる呪的実践にとどまらず、人生訓を媒介として、人間変革に結びつけたことがある［西山1987b］。加えて、③コンピュータによる信者管理や、ビデオ・カセットテープ等の新しいメディアの活用によって、信者一人一人が教祖・教主と擬似的に直接つ

ながるように工夫されていることも挙げられる［塩原・日置1989: 145］。また一元化に成功した要因としては、短時日の内に教勢を拡大したことがある。しかしそれでも、稲飯一族との確執、有力支部長の粛正と分派など非常な困難を伴った。

小括

　本章では、世界救世教成立の背景となった日本近代における霊術ブームの展開を概観し、〈救世教〉の展開との関連付けを行なった。この作業を通して、〈救世教〉の霊術の特徴（療術）を改めて浮き彫りにした。〈救世教〉の療術は宗教的世界観を背景として有し、内在的にはまったく独特のものであるが、外形的には必ずしも当時の療術家たちと異なるものではなかった。また、日本近代における蓮門教、太霊道の先行事例の検討を通して、それらと〈救世教〉との連続と断絶を明らかにした。連続面の点では、療術系宗教の本来的不安定性を指摘した。療術は目的が明快であり、その能力や効果が高ければ急膨張する。しかしその結果、普遍的教義化や組織化がなおざりにされてしまう。断絶面では、時代・社会背景の違いを指摘した。信教自由が許された社会における〈救世教〉等の療術系宗教の課題は、次章以降明らかにされるだろう。国外のクリスチャン・サイエンスとサイエントロジーの事例では、宗教的形而上学をめぐって宗教と呪術の関係を再確認するとともに、療術系宗教が単に日本の問題に留まらないこと、その展開が極めて現代的課題を含んでいることを明らかにした。クリスチャン・サイエンスの人間観、身体観は、〈救世教〉と類似していた。サイエントロジーの事例に見られた病気治しを標榜することによる社会・医療との軋轢は、〈救世教〉にも共通するものである。大山祇命神示教会は、厳密にはシャーマン型の霊術系宗教であるが、組織化・一元化に成功した事例として参照した。強力なリーダーの存在、組織的成長の速度、時代背景等の要因が、〈救世教〉の場合どうであったか考える際の指標となるであろう。

註

(1) 　　脚気は、すねと足の甲の感覚の鈍麻から始まり、次第に身体全体に広まり、遂には急性心不全をおこす病気である。原因はビタミン B1 の欠乏だが、それが証明されたのは 1925（大正 15）年のことである。1938（昭和 13）年頃までの日本では、脚気による死者は年間 1 万人以上あった。白米食を好むアジア諸国では早くから知られていた病気で、有効な食餌療法も開発されていたが、明治維新以降、西洋医学の導入とともに伝統的食治法は軽視されるようになった。1878（明治 10）年、東京に官立の脚気病院が設立された。同病院には漢方医と洋方医の双方が配置されたが、西洋医学は伝染病説に固執し、有効な治療法を示せなかった［島薗 2003］。

(2) 　　「修験宗ノ儀自今被廃止本山当山羽黒派共従来ノ本寺所轄ノ儘天台真言ノ両本宗へ帰入被仰付候条各地方官ニ於テ此旨相心得管内寺院へ可相立候事／但将来営生ノ目的等無之ヲ以帰俗出願ノ向ハ始末具状ノ上教部省へ可申出候事」(明治 5 年 9 月 15 日、太政官布告第 273 号、府県宛て)［内閣官報局 1889a: 194-195］。

(3) 　　「従来梓巫市子並憑祈祷狐下ケ杯ト相唱玉占口寄等之所業ヲ以テ人民ヲ眩惑セシメ候儀自今一切禁止候条於各地方官此旨相心得管内取締方厳重可相立候事」(明治 6 年 1 月 15 日、教部省達第 2 号、府県宛て)［内閣官報局 1889b: 1627］。本法令は、明治初期の新宗教取締りの主な根拠となった［阪本 1990: 469］。

(4) 　　霊の実在や霊界の観念と、霊媒等を用いたそれへの働きかけよりなる信念と実践の体系。

(5) 　　福来は 1869（明治 2）年、岐阜県高山の呉服商の次男として生まれた。1906（明治 39）年、「催眠の心理学的研究」により、東京帝国大学から文学博士号を授与され、同年から同大で「変態心理」の講義を担当した。1908（明治 41）年、熊本において「千里眼」(透視) で有名になっていた御船千鶴子 (1887〜1911) の透視実験を 70 数回行ない、その能力を確信した。1910（明治 43）年 9 月、理学、医学、文学らの専門家を集めて、「十四博士の透覚実験」を行なう。第一回は不手際があって失敗したが、第二回は成功し、新聞等に報じられるが、トリックではないかとの批判もおこる（その後、千鶴子は自殺）。同年 11 月、香川丸亀の長尾郁子（？〜1911）の「念写」（念じた文字や画像を、写真乾板に映し出すこと）実験を行ない、成功する。翌年 1 月、山川健次郎（理学博士、元東京帝大総長）が行った実験では、「仕掛け」(乾板が入れられていなかった) を見破り「成功」するが、イカサマ説も噴出し、郁子は悲嘆と傷心の中、急逝する。1913（大正 2）年、

福来は東京帝大を休職せざるをえなくなる。野に下った福来は、その後、執筆・講演活動を精力的に続け、1952（昭和27）年、逝去した［井村1984: 207-264］。
(6)　第一条で「療術行為」の定義がなされている。「療術行為ト称スルハ他ノ法令ニ於テ認メラレタル資格ヲ有シ其ノ範囲ニ於テ為ス診療又ハ施術ヲ除クノ外疾病ノ治療又ハ保健ノ目的ヲ以テ光、熱、器械器具其ノ他ノ物ヲ使用シ若ハ応用シ又ハ四肢ヲ運用シテ他人ニ施術ヲ為スヲ謂フ」。第三条では、営業所所在地または住所地の所轄警察署への届け出の義務、第六条二項で、他の法令による診療・施術（医療行為など？）を妨げることの禁止、十六条で本法令の精神療法への準用を定めている［警視庁東京府1930］。
(7)　第一章註20参照。
(8)　大日本観音会時代の1935（昭和10）年、茂吉は霊界について、以下のように語っている。「霊界にも、縦横に、平面と立体が、層を成して、無限大から無限微に及んで『無限の速度』を以て『無限極』に活動をしているのであって、一次元、二次元、三次元、四次元所ではないのであって」［岡田1994e: 55］。
(9)　第一章註27および巻末資料3-1を参照。
(10)　当初の施療は触手・手技療法の指圧（按摩・マッサージに類似）だった。民間療術として今日までポピュラーな針・灸・按摩（マッサージ）に関する法律は、1874（明治7）年の医制において、針・灸について、医師の指導によることが定められたことにはじまる（ただし、実際には実施されず）。この時点では、按摩については規制がなかった。按摩については、1911（明治44）年8月、「按摩術営業取締規則」（内務省令第10号）によってはじめて法制化された（同日、「鍼術、灸術営業取締規則」内務省令第11号も定められた）。同規則では営業のためには、試験（各地方長官が実施）の合格又は指定の学校等の卒業を前提とし、地方長官への届け出が義務づけられた［内閣官報局1912b: 274-279］。しかしこれにも、指圧は含まれていない。指圧に関して法令化されたのは1947（昭和22）年に制定された「あん摩、はり、きゅう、柔道整復等営業法」（法律第217号）の改正で、1955（昭和30）年、あん摩師に指圧師が含まれるとされた時である。総務省法令データベース（http://law.e-gov.go.jp/cgi-bin/strsearch.cgi、2012年9月22日閲覧）を参照。すなわち、指圧等の手技療法は、長く立法・行政のグレーゾーンに存在し、比較的自由な営業が行えたと同時に、当局の恣意的態度によって取締の対象ともなったのである。
(11)　巻末資料3-4、3-5、3-6参照。これだけを見ると、宗教的世界観はほとんど見えてこない。民間療術にとどまったと言えよう。
(12)　例えば、文部省宗務課『宗教年報　昭和25年版』（「第一部　概観　6．新興宗教」の項）には、以下のように述べられている。「もっとも一口に新興と云っても

新たに創立された教団のみとは限らず、旧い宗教から離脱独立したものも多く、スケールの大小も区々別々で頗る変化に富んでいる。その中特に目立った動きを示しているものを考えるに、先ず目につくのは、日本観音教団である。この観音教団は正に新興宗教の一尖端を行くもので、「眞相」「読売」などでしばしば世の噂をにぎわした。今日の科学常識ではどうしても説明のつかない「掌療法」とよばれる霊療法や光明如来の揮毫を行い、これに伴う莫大な収入からしきりに人のふところ勘定をされている。その真偽はともかく熱海・箱根の邸宅を次々に買い、景勝の地を続々買収する豪勢さは世人を驚倒させ、これにからんで脱税や汚職が取沙汰されている。殊に8月埼玉県下で掌療法を信じたばかりに愛児を死なせたと称せられた事件は世の批判を浴び、新聞の論説でも攻撃されたが、教団側ではこれを為にする虚偽の宣伝だと逆襲している」[文部省宗務課1951: 18]。

　また〈救世教〉は、戦後、高度成長期までの新宗教研究やルポの中で、代表的な教団としてしばしば取り上げられている。『現代日本の宗教』(渡邊、1950)では、天照皇太神宮教、皇道治教教団群、璽光尊、大本、本門佛立宗、霊友会系諸教団と並んで取り上げられている。『新興宗教解説』(勧学寮編、1952)では、金光教、天理教、霊友会、生長の家、大本、PL教団、天照皇太神宮教と並んで取り上げられている。『教祖――庶民の神々』(乾ほか編、1955)では、天理教、大本教、生長の家、PL教団、霊友会、立正交(佼)成会の各教団・教祖と並んで取り上げられている。『神々多忙』(滝、1956)では、天照皇太神宮教、霊友会、生長の家、PL教団、円応教、修養団捧誠会、神ながら教、真如苑、天恩教と並んで取り上げられている。『ありがたき神々』(臼井、1961)では、PL教団、大本、金光教、天理教、出雲大社教と並んで取り上げられている。『五大教祖の実像』(佐木ほか、1970)では、霊友会、立正佼成会、PL教団、生長の家の各教団・教祖と並んで取り上げられている。

(13)　「戦後日本経済の回復の速かさには誠に万人の意表外にでるものがあった。それは日本国民の勤勉な努力によって培われ、世界情勢の好都合な発展によって育くまれた。／しかし敗戦によって落ち込んだ谷が深かった事実そのものが、その谷からはい上がるスピードを速からしめたという事情も忘れることはできない。経済の浮揚力には事欠かなかった。――中略――　消費者は常にもっと多く物を買おうと心掛け、企業者は常にもっと多く投資しようと待ち構えていた。いまや経済の回復力による浮揚力はほぼ使い尽くされた。――中略――　戦後の一時期にくらべれば、その（消費や投資に対する；引用者注）欲望の熾烈さは明かに減少した。もはや「戦後」ではない。われわれはいまや異なった事態に当面しようとしている。回復を通じての成長は終わった。今後の成長は近代化によって支えられ

る」［経済企画庁編 1956: 42］。

(14) 「もはや「戦後」ではない、というのが、最近の一つの流行語になっている。——中略—— しかし、戦後の国民生活における最も根本的な、最も深刻な問題としてわれわれが直視しなければならないのは、以上のように国民の上位あるいは中位の階層に属する人々の生活が着実に向上しつつある反面において、一部の下位の所得階層に属する人々の生活が停滞し、次第に復興の背後に取り残され、それによって国民生活の上下のひらきが次第に拡大しつつあるという傾向にあることである」［厚生省大臣官房企画室編1956: 11-16］。「果たして「戦後」は終わったか」は、引用文を含む項に付された見出し。

(15) 日本で初めての社会保険立法は、1922（大正11）年の「健康保険法」（1927年施行）の成立まで遡るが、同法の創設当初の適用対象者は工場鉱山労働者に限定されていた。1938（昭和13）年、「国民健康保険法」（旧法）が制定され、対象者は農山漁村民や都市自営業者にまで拡大されたが、保険者は設立・加入が任意の組合であり、原則として強制加入ではなかったし、表向きその体制を整えていても実態としては充分に機能していなかったとみられている。さらに第二次世界大戦の敗戦後、生活難から保険料の滞納が相次ぎ、保険事業を休止する組合が続出した。1958（昭和33）年、「国民健康保険法」の全面改正（新法）により、1961（昭和36）年4月から全市町村で国民健康保険事業が実施されることとなった。これにより、いわゆる「国民皆保険」が達成された［島崎2012］。

(16) 神とその力（妙）、この世の法則・倫理（法）の合わさること（事）を「事の妙法」とし、それを唱え、念ずることによって心を直し、病を治す［奥1988: 56-58］。

(17) 旧幕臣の平山省斎（1815〜90年）が1879（明治12）年、御嶽講、禊教会などの信者を結集して組織化した宗教（大成教会）で、1882（明治15）年、神道事務局から独立し神道大成派となった（同年、神道大成教と改称）。いろいろなものを「集めて大成する」というその名の由来のとおり、教団の統一性は極めて弱く、傘下に蓮門教会のような多様な講社を集めた［國學院大學日本文化研究所編1994］。

(18) 武田道生によれば「コレラ流行の1〜2年後に新たな教会が届出される傾向がみえる」という［武田1983: 31］。奥武則は史料批判から、武田がコレラの流行と蓮門教の教勢拡大をストレートに結び付け過ぎていることは批判しているが［奥1988: 73,100-102］、「ただ、みつらの初期の活動が、コレラ流行によって大いに弾みがついたことは十分考えられる」とし、「みつらが『コレラ』に照準を合わせて活動を展開したこともうかがえる」と述べている［同上：74］。

(19) この数字は当時の教団が「誇称」したものだが、奥は複数の資料から「（明治；

引用者注）20年代の全盛期にはやはり、十万の単位で数える蓮門教の信徒がいたとみて大きな誤りはないだろう」と推測している［奥1988: 99,107］。
(20) ［万朝報刊行会編1984、奥1988: 110-131、武田1989,1991］を参照。
(21) 　なお、1908（明治41）年9月、今日の軽犯罪法に相当する「警察犯処罰令」（内務省令第十六号）が出されており、その第二条十七項には、「妄ニ吉凶禍福ヲ説キ又ハ祈祷、符呪等ヲ為シ若ハ守札類ヲ援与シテ人ヲ惑ハシタル者」、同十八項には「病者ニ対シ禁厭、祈祷、符呪等ヲ為シ又ハ神符、神水等ヲ与ヘ医療ヲ妨ケタル者」が処罰（30日未満の拘留又は20円未満の科料）の対象となっている。特に後者は、蓮門教の取締に利用されたかもしれない。また、そもそも本項成立に影響を与えた可能性もある［内閣官報局1912a: 318］。
(22) 　「正統派」を仙修から受け継いだ島村藤助（1886～1961年、みつの甥）は、1961（昭和36）年に逝去した。大成教に残った一派も急速に衰退し、1963（昭和38）年、最後に残っていた「大成教蓮門和田講社」が閉鎖された［奥1988: 170-171］。
(23) 　太霊道を「発掘」し、今日までその唯一の本格的な紹介である井村宏次の著作［井村1984］では、太霊道の流れを汲む各地の道場がどの程度本院の統制を受けたか定かではない。ただし、1928（昭和3）年に刊行された『霊術と霊術家』には、「太霊道主元　田中守平君」の他に「太霊道福岡別院主司　吉松宏城君」が紹介されており、そこには以下のようにある。「太霊道の支部中では最も盛賑であった一つである。勿論今日もそうであると思ふが。一度田中君が蹉跌するや太霊道の各地支部は何れも看板を塗り替へてしまったのに、同君だけは依然として改めない」［霊界廓清同志会編1928: 265-266］。
(24) 　「今迄の霊術者等というのは皆此の類い（天狗の事；引用者注）である。大霊道（ママ）の田中守平、隠田の神様、飯野吉三郎等は是である」［岡田1994h: 284］。これは、大本の見解そのままだが、茂吉が当時の霊術家たちを意識しつつ、それをより劣るものとして価値づけているところは注目される。
(25) 　ハバードは、フロイト派心理分析の独自の理解から、人間の心を「分析心」と「反応心」により構成されると考えた。分析心は情報を観察したり、問題解決を行なう主体的管理のメカニズムであり、「反応心」は、精神的、身体的苦痛の経験が、「エングラム」という心の映像として蓄えられた、刺激に対する反応のメカニズムであるとされる。人は、過去の経験に似た状況に遭遇すると、エングラムが活性化され、生活に否定的な影響をもたらすという。オーディティングを行なうもの（オーディター）は、一連の質問や指示によって、参加者のエングラムを特定し、取り除いていく。今日、アメリカで継続的なオーディティングを受けると、毎週数百米ドルかかるという。上級者コースを達成するためには、数十万米

ドルを要することもある［Cowan and Bromley 2008=2010: 39-42］。

(26)　各オーグでオーディティングなどを行なうためには、本部の認可が必要であり、認可されていないコースを実施することは許されない。また、オーグの業績や有効性を定期的に見直す集まり（スタッツ）があり、国際サイエントロジー教会がもうける品質基準とノルマをクリアしなければならない。1982年に設立されたオーサー・サービス社はハバードの著作権を厳格に管理し、同年に設立された宗教技術センターはダイアネティックスなどの「宗教的技術」を登録商標として管理する。教会に影響を与える法的な事柄に対処するため特別業務局がおかれている［Cowan and Bromley 2008=2010: 44］。

(27)　オーストラリアでは1982年に公認されるまで、長く禁止されてきた。アメリカでは、1993年まで約20年間、「宗教ないし慈善活動を目的とする団体」としての認定を取り消された。ギリシアでは1997年、「社会に対する脅威」として教会閉鎖を命じられた。ドイツでは1998年、「危険で憲法を脅かす集団の一つ」と認定された。イングランドやウェールズでは1999年、慈善団体としての認可申請が却下された。フランスでは2000年、「社会に危険を及ぼす可能性」のある175の集団の一つに加えられた［Cowan and Bromley 2008=2010: 32-33］。

(28)　森日出子は、横浜の裕福な地主の家に生まれた。幼少期は明るく活溌で、人気歌手ザ・ピーナッツのそっくりさんとして雑誌に紹介されたり、児童劇団に通って東映制作の教育映画に出演したりした。しかし体調を崩して私立中学を退学、高校生の時には食べ物がのどを通らず激しく衰弱した。その頃供丸斎によって健康を取り戻し、入信した。1969（昭和44）年、宮元支部を設立した。支部は教勢拡大により宮元町分教所に格上げされ、1975（昭和50）年、「五十年事件」前日に「副使者」を拝命したとされる（公表は1979年）。1978（昭和53）年に監査役、翌年大幹部教育部長となり、教会ナンバー2となる。1985（昭和60）年代表役員、1988年二代教主に就任した［神奈川新聞社編1986: 137-163］。

(29)　兄・森眞一が理事長、弟・正人が責任役員にそれぞれ就任している［神奈川新聞社編1986］。

第3章
療術ネットワークの段階

　本章では、世界救世教の前身団体の組織化を取り上げ、初期〈救世教〉の組織構造と教団統合の問題を考察する。第1節では戦前までの活動（3-1)、第2節では終戦直後の再組織化（宗教化）(3-2)をそれぞれ扱う。終戦直後までの展開は、様々な制約もあり、民間療術団体としての活動が主であった。しかし、のちの組織化の基礎（原風景）となったのもこの時期である。本章では、それを療術ネットワークの段階として分析する。

3-1　宗教統制下の活動——療術ネットワークの形成

(1) 立教

　茂吉は1928（昭和3）年、大本の正宣伝使に任命されており、その前後から大本の大森分院として組織化がはじまった［宗教法人世界救世教編1994上: 291］。当時の布教方法は新聞（『愛善新聞』）の配布によるものであったが、愛善隊という組織をつくり、毎月1、2回、茂吉を中心に会合を開き、数十名の信者に直接指導を行なった［世界救世教教団史編纂委員会編1986: 48-49］。1934（昭和9）年5月には、東京・麹町区平河町（現・千代田区平河町）に「岡田式神霊指圧療法・応神堂」を開設した[1]。月に数百名が受療に訪れている［世界救世教教団史編纂委員会編1986: 73］。

　茂吉は、大本内で次第に独自の活動を行うようになっていたが、1934（昭和9）年9月、正式に大本を離れる[2]。同日、神示により千手観音の画像（のちの大日本観音会の神体）を描く［宗教法人世界救世教編1994上: 388-397］。同

年11月、翌年元旦を期して、大日本観音会として開教する旨の宣言をし、その数日後には、幹部6人を招いて会合を開き、大日本観音会の規約を定めた[3]。12月、観音経（法華経の観世音菩薩普門品第二十五）を基にして祝詞形式にあらためた「善言讃詞（ぜんげんさんじ）」を作成した[同上：397-399]。同月には、阿佐ヶ谷支部（中島一斎（いっさい）[4]方、東京市杉並区阿佐ヶ谷）、緑支部（木原義彦[5]方、東京市本所区緑町）、西ヶ原支部（東京市瀧野川区西ヶ原）、世田谷支部（東京市世田谷区三宿町）がそれぞれ発足した［同上：402］。新聞配布係の宿舎であったところが新たに「東光社」と名付けられ、編集出版の業務を担当することとなった［同上：404］。

また、この頃、茂吉は神道本局[6]上総分局長・宇津木（うつき）義郎（権大教正）[7]という人物について、神道の教義や祭式作法などを修得し、翌年には「神道者の資格」[8]を取得している［同上：399-400］。このようにして、新たな宗教団体設立の準備が着々と行なわれた。この頃には、すでに全員で茂吉を囲む会合はなくなって、各施設の代表が活動の報告に行くようになっていた［世界救世教教団史編纂委員会編1986：65］。

1935（昭和10）年1月1日、茂吉は、大日本観音会（仮本部・東京市麹町区麹町（現・千代田区麹町））の発会式を行い、立教した。参集した信者は約150人であった［宗教法人世界救世教編1994下：9］。この年の5月からは、それまで、ごく一部の弟子に限られていた救済力の取り次ぎ（後の浄霊）が、講習を受け「お守り」[9]を授かることによって、多くの信者にも許されることになった。その年の11月までに、101名が講習を受け、「大日本観音会治療士」となった［同上：38］。7月からは「観音講座」と呼ばれる講座を行った。この講座の内容が、大日本観音会の教義の基本となった。受講者は各会百数十名であった。全講義を終了した者には「宣導使」の資格が授与されたが、治療士の大部分も受講して宣導使となっている［同上：40-43］。

麹町の仮本部が手狭になったため、1935（昭和10）年10月、東京世田谷区玉川上野毛（現・世田谷区上野毛）の旧男爵邸を購入し総本部とし（「玉川郷（ぎょくせんきょう）」と名付けられた）、仮本部は東京本部となった。この時点での大日本観音会の会員数は約600名、支部は11ヶ所に増えていた［同上：48-55］。1936（昭和11）

年5月、茂吉は、教団とは別に「大日本健康協会」を設立して、民間療術的側面を宗教から分離し、その独立を図ろうとした[10]。大日本健康協会は、大日本観音会東京本部に仮本部をおいた。発会時の会員数は、229名であった［同上：69-71］。

　以上が、世界救世教の前身となる大日本観音会の成立前後の経緯と、その概要である。組織の分節化にともなって、宗教的権威の下級委譲（療術の開放）が行われている。観音会も健康協会も、雑誌発行と講習会が主な布教の武器であった。入信して講習を受けさえすれば、誰でも救済力の取り次ぎが行えたというのは非常に開放度が高かったと言えよう。

(2) 民間療術団体として

　前項のようにして教勢は順調に拡大しつつあったが、同時に官憲の「干渉」も激しくなった。1935（昭和10）年12月には「第二次大本事件」[11]がおこって、茂吉も「大本の残党」という疑惑が常に付きまとっていた。翌1936（昭和11）年3月に2名の警部が訪れて、同年5月、玉川警察署において事情聴取を受けている［宗教法人世界救世教編1994下：69］。同年7月1日、大日本観音会は自主的に解散する。

　茂吉は大日本健康協会の活動に専念し、民間療術のかたちで活動を続けようとした。同会の結成自体、宗教活動の難しさを彼が肌で感じ取っていたからではないかと思われる。ただし、茂吉が取組もうとした民間療術としての指圧も、医師法等の関連法のグレーゾーンであったことは既に述べた（第2章註10参照）。大日本観音会の解散からひと月も経たない7月28日、療術行為禁止の命令が出され、大日本健康協会も消滅せざるを得なかった［同上：73-74］[12]。

　ここで昭和の戦前期の宗教法／行政を簡単に整理しておこう。日本近代国家の成立以降、統一的かつ体系的な宗教法が成立したのは、1939（昭和14）年の「宗教団体法」（法律第77号、翌年施行）が初めてであった[13]。それ以前、非公認の宗教集団は「類似宗教団体」と呼ばれ、一般治安警察上の取締りに任されていた。しかし、本法施行により、多くの宗教集団が宗教行政の対象

に組み込まれるようになった。その結果、それらの宗教集団は所轄官庁（文部省・大臣または地方自治体・長官）の「監督」と同時に、「保護」の対象ともなった[14]。所轄官庁の「認可」を受けられれば、税制優遇などの保護特典のある公認の「宗教団体」となる道も開かれた[15]。さらに「宗教結社」の場合は、地方長官に届けるだけでつくることができるとされた[16]。しかし実際は、（準）戦時下の挙国一致・翼賛体制下、各宗派の合同が進む状況において、仮に「宗教結社」を設立できたとしても、新たな公認宗教である「宗教団体」になることは困難であった[17]。

宗教団体法は、不完全ながら、信教の自由や政教分離の原則を一定程度認めていると評価されているが［井上1969: 254］、やがて（準）戦時体制下の社会的風潮のもと、社会の「安寧秩序」（第十六条）[18]を乱したなどと看做されると、容赦のない取締の対象となった［阪本1990］。

また、当初は宗教団体そのものの取締を意図したものではなかった「不敬罪」や「治安維持法」も宗教取締に利用されるようになり、大本事件（1921年の第一次は不敬罪、1935年の第二次は治安維持法違反と不敬罪）［出口1970］、ほんみち事件（1928年の第一次は不敬罪、1938年の第二次は不敬罪と治安維持法違反）［ほんみち教義部1972: 183-234］、ひとのみち教団不敬事件（1937年）［池田編1977］などが起っている［小池ほか1978］[19]。以上のような状況は、茂吉が「宗教結社」化を目指さなかった背景として重要であろう。

1937（昭和12）年10月、一時療術禁止令が解かれ、茂吉は「岡田式指圧療法」の名で活動を再開した［宗教法人世界救世教編1994下: 88-89］。この際、警察は、宗教か療術か、どちらかにはっきりするよう要求したが、この時、茂吉は療術行為で立つことを決心した［同上: 89］。同年8月に、「治療解除嘆願書」（巻末資料3-4）と「療術行為届」（巻末資料3-5）が出されているが、そこには当然のことながら宗教的「教え」は説かれていない。むしろそれを慎重に排除している。前者中の「然ルラ静ニ自己ヲ省ミ候時、全ク軽挙妄動ノ点多々アリシ事ヲ相識リ、深ク衷心ヨリ悔悟仕リ」の「軽挙妄動」には、医療妨害的行為とともに、宗教的言動も含まれていたのではないか。信者への講話（1938年1月）の中では、以下のように心中を吐露している。

本当の宗教からいうと、着物の上からしなくてはならぬ。あれ以来、治療いっぽうでしなくてはならぬ。どうしてもやり方も変えて行かねばならぬ。今度初めて全然宗教やらない約束をしたから、治療いっぽうでやらなくてはならぬ。―中略―（一方で；引用者補足）先の信仰的にやることとなると、ぜんぜん信仰心なく、知らぬ人には不安になった。――中略―― 今度治療いっぽうだとよく判るし不安なく徹底してやれる。――中略―― 患者のほうも安心してまかせられる。故に、今度の治療のやり方でやれば、どうしても発展するわけである。故に、近ごろは治療士は忙しく飯食う暇さえないくらいになった。しかも、これは一晩だけ講義つければだいたい判ってしまうから手っ取り早い。(傍点；引用者)

［岡田1997a: 205］

　ここには、もちろん、宗教への未練が滲み出ている。「着物の上からしなくてはならぬ」という表現に茂吉のもどかしさ、歯痒さを読み取れる。ただ一方で、それをチャンスと受け止めてもいる。実際、療術だけで発展しているという。そこに、そのように自身を奮い立たせる茂吉の反骨精神やある種の「強がり」のようなものを読み取ることもできるかもしれない。しかし、ここで注目したいのは、その背後に施術者においても依頼者においても、信仰に確信がなく戸惑いながらも病気治しに魅かれて施術を行っていた（受けていた）人がおそらく少なくなかったということである。したがって「宗教」の看板を外すことは逆にチャンスでもあり、「どうしても発展する」のである。茂吉が当初から単なる療術に留まらない「宗教」への志向性をもっていたのは間違いないが、実を挙げれば「手っ取り早い」と言ってしまえるところから推測すると、それほど強いこだわりもなかったのではないか。また、茂吉の志向性は別にしても、信者の側に宗教的「教え」を抜きにした療術そのものへの需要が高かったことは再度強調しておいて良いであろう。

　療術活動を再開させた茂吉であったが、1940（昭和15）年、医師法違反で玉川警察署に留置された。以後、一線からは退き、弟子の養成に力を入れる

ようになる。それまでみずから行なっていた講習や「お守り」の下付などは弟子に任せられるようになった［世界救世教伝道史編纂委員会1995: 114］。ただし、ご神体や「お守り」の揮毫は引き続き茂吉が行なった。この時、講習や「お守り」の取り次ぎを許された弟子は、中島一斎、渋井總斎[20]、木原義彦ら6名の幹部たちであった［同上: 146］。なかでも中島、渋井の導きは全国にわたり、その中にはのちの教団を指導していく多くの人材がいた。これらの弟子たちは、月3回、それぞれ決められた日に茂吉を訪ね、報告をして指導を受けた［宗教法人世界救世教編1994下: 175］。療術活動は「○○式指圧療法」などと、各弟子達がその姓を冠し、それぞれ当局への届け出を行なって、個別に行われた［同上: 176］。しかし、こうした活動もしばしば当局の干渉を受けており、警察署に留置されたり、講習会などに刑事が立ち会うこともあった［同上: 93,179、世界救世教教団史編纂委員会編1986: 144-145］。

1940（昭和15）年12月の茂吉の誕生日に、彼の命により会食会（主催・中島一斎）が行われた。以後、それまで上野毛の茂吉宅に代表者を呼んで行なわれていた指導会は、主な弟子の主催する会食というかたちで行なわれるようになった［宗教法人世界救世教編1994下: 118-122］。やがて会食を主催する会として、十一会（のちの天国会、主管・中島一斎）、大内会（のちの五六七会[21]、渋井總斎）、大和会、東光会、進々会の5つが結成された［同上: 123］。これはのちの世界救世教の教会制の原点となった［世界救世教伝道史編纂委員会1995: 147］。

1944（昭和19）年、茂吉は箱根強羅（「神山荘」）、熱海（「東山荘」）をそれぞれ入手して、夏は箱根、秋から春にかけては熱海でそれぞれ過ごすようになる。のちに、両地を足掛かりとして、活動の拠点で、かつ地上天国の雛形としての聖地が建設された［宗教法人世界救世教編1994下: 297-363］。

ここにおいて、組織の分節化と「宗教的」権威の下級委譲は極端な段階に達した。組織は非常に分権的になった。講習と「お守り」の下付という重要な権限（秘伝）が弟子（名取り＝中親）に任された。ご神体や「お守り」の揮毫ということでかろうじて信仰中枢（茂吉＝元親）が権威を維持しているような状態である。元親の後景化と中親原理の肥大化を看取できる。各会のリ

ーダー層は茂吉を師と仰ぎ、同じ価値観を共有してはいるが、多中心的リーダーシップや、ゆるやかなヨコのつながりというような特質から、ネットワーク的形態と言えよう。それは環境（宗教法／行政）の不安定性への適応戦略でもあった。

3-2　戦後の再組織化──療術から療術系新宗教へ

（1）日本観音教団の設立へ

　敗戦後の1945（昭和20）年12月、「宗教団体法」が廃止され、「宗教法人令」（勅令第七一九号）が施行された。信教の自由が確立し、「準則主義」により、一定の要件を満たして所轄庁に届ければ容易に宗教法人を設立できるようになった（第二条）[22]。法人には所得税、法人税の非課税も認められた（第十六条）。しかし、茂吉は、しばらくは民間療術団体のかたちで活動を継続した。

　1947（昭和22）年2月、個別に行なわれていた療術活動の体制を改め、「日本浄化療法普及会」（事務所・静岡県熱海）を結成して、組織の一本化を図った。会長は茂吉、副会長に渋井總斎がそれぞれ就任した［宗教法人世界救世教編1994下：224］[23]。「日本浄化療法普及会主旨」（1946年）には次のようにある。

　　敗戦という現実は凡ゆる罪悪を巷に造っています、人心の不安に乗じて邪教の流行もその一つです。私達のは正しい信仰の自由に於て自らの精神生活を作るものです。日本浄化療法の真髄も正しいそして美しい心は強い身体に宿るという心体一致にあります／私は改めて申し上げますが、信仰はその人のものであり、普及会はその人の信仰をも（ママ）干渉する何ものもありません（傍点；引用者）

　　　　　　　　　　　　　　　［岡田茂吉全集編集委員会篇1995: 92-93］

　わざわざ「正しい信仰の自由に於いて」と前置きしているところから、茂吉の宗教活動への志向性が伺えよう。しかし、普及会はあくまで、信仰に関わらず、健康を求める多くの人々にアピールしている。ここには、戦前、民

間療術として活動した方が広まった、という成功体験が影響しているかもしれない。これは、療術活動継続の積極的要因であろう。一方で「人心の不安に乗じて邪教の流行」との言葉は、宗教法人令下で容易に宗教法人設立が可能であった為に、あまりに未熟であったり、脱税目的に法人を設立したものがあったことへの社会的批判を受けていることを指している［井上1969: 273-275］[24]。茂吉が宗教法人化を急がなかった背景には、そのような社会情勢の下、宗教法人の看板を掲げることが必ずしも得策ではないとの判断があったものと思われる。こちらは療術行為継続の消極的要因と考えられる。いずれにせよ、ここでも療術重視の活動を指摘できよう[25]。同会の事業としては、雑誌の発行と講習会の開催が挙げられている（会則第五条三項）［岡田茂吉全集編集委員会篇1995: 94］。この講習会形式は、戦前の大本や霊術家たち（太霊道など）の活動形態に類似している。

　茂吉の目論みは当たり、普及会の発展は著しかった［宗教法人世界救世教編1994下: 224］。

　だが、1947（昭和22）年8月、宗教法人日本観音教団（本部・世田谷区玉川上野毛）として正式に発足する。なぜ、この時、療術団体から宗教教団への跳躍が起ったのだろうか。これまでも見てきたように、茂吉は当初から宗教への志向は有していた。付言しておけば、宗教法人には免税の特権もあった。しかし、戦後しばらくは療術団体として活動してきたのである。なぜ、このタイミングであったのか。一つには、新憲法の制定（1947年2月）が挙げられる。宗教法人令施行後もしばらく様子を見ていたのは、先に述べたような社会のまなざしだけでなく、戦前の苦い経験から、慎重を期したという面もあったかもしれない。信教の自由が名実ともに確立された[26]ことで、安心して宗教法人化を行なえると考えたとされる。これは茂吉が宗教法人化を目指したプル要因であったであろう[27]。また、代替療法の研究者・田邉信太郎の指摘によれば、もう一つ、興味深い事実がある。日本観音教団設立の年の1947（昭和22）年は、「療術業界最大の危機を迎えた年」［田邉1998: 7］であったというのである。3月、医業類似行為の営業に関する医療制度審議会の答申が出されたが、それは「いわゆる医業類似行為はすべてこれを禁止する

こと」だった。現に営業を行っている者については、生活権が考慮されて、1955（昭和30）年までの営業が許可されたものの、先行きは不透明だった[28]。これは、〈救世教〉における療術団体から宗教法人化へのプッシュ要因であったであろう。確認すると、日本浄化療法普及会の設立が1947年2月、同月に新憲法が制定され、翌3月に前述した答申が出て、その5ヶ月後に日本観音教団設立という流れになっている。

　日本観音教団では、茂吉が顧問、渋井が主管にそれぞれ就任した。茂吉が主管ではなく「顧問」であることに注意されたい。本部組織は総務部、教務部、保健部、社会事業部の4つの部から構成された。地方組織は8分会制となり、五六七会（会長・渋井總斎、本部・東京都世田谷区玉川上野毛[29]）[30]、天国会（中島一斎、静岡県熱海市）、大和会（神奈川県鎌倉市）、生和会（東京都王子区）、進々会（岩手県一関市）、メシヤ会（後の光宝会、木原義彦、福岡県三潴郡大川町）、木の花会（静岡県富士宮市）、大成会（大沼光彦(てるひこ)[31]、東京都世田谷区北沢）が発足した（図3-1）。さらに翌年には日月会（神奈川県小田原市）が設立された。これらの中で中心となったのは五六七会と天国会であるが、五六七会は東京に、天国会は大阪に教勢を誇った［丸山1986: 49］。

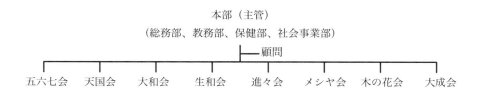

図3-1　日本観音教団（発足時）の組織
＊資料：［宗教法人世界救世教編 1994下 : 228-231］

　宗教法人の設立に伴い、従来の療術中心の活動に、初期の宗教的側面が次第に復活し、内容も整理されてくる。「治療」の呼称は「浄霊」と改められた。「お守り」に書かれた字は「光」「光明」「大光明」となった。「善言讃詞」も再び奏上されるようになった。神体は「大光明如来(みろくおおみかみ)」に改められた［宗教

法人世界救世教編1994下:226-31]。このようにして、一旦頓挫した宗教集団の再組織化が進められた。

　観音教団発足の前月（1947年7月）、「日本観音教団講習要項」（巻末資料3-8）が定められている。観音教団の初期も、布教は講習形式をとっていた。この形式は、民間療術団体としての活動形式を引き継いだものとみられる。

　宗教化の動きは、一方で、民間療術の時期に入会していたものが多数あったため、一部に少なからぬ動揺を与え、日本観音教団の発足とともに会を離れていったものは多かった。しかし、それを補って余りあるほど教勢は飛躍的に発展し、日本観音教団発足時には、すでに数万の信者を擁した［宗教法人世界救世教編1994下:232-233][32]。一方で、1948（昭和23）年11月、脱税容疑で大蔵省の査察を受けたり[33]、翌年7月、金塊、ダイヤの隠匿容疑でC・I・D（進駐軍犯罪捜査課）の家宅捜索が行われたりもした［宗教法人世界救世教編1994下:234-244]。

(2) 日本五六七教の独立

　1948（昭和23）年10月、日本観音教団傘下の五六七会が宗教法人「日本五六七教会」（会長・渋井總斎）として独立した[34]。当時五六七会は、一会派で観音教団全信徒の約7割を占めており[35]、不均衡な勢力関係の是正と、渋井を自由に活動させる狙いがあった［世界救世教伝道史編纂委員会1995:184-197]。次の茂吉の講話は、1948（昭和23）年12月28日のものだが、その辺の事情を適切に表現している。

　　五六七教は渋井が五六七会長としてやっているが、観音教団の中でやっては活動しにくい、というのはあの人が十のうち六、七の成績を上げている。他の会は全部寄せても三くらいでケタが違いすぎる。従って観音教団の中でなにかやると他の分会との相談やなにかでいろいろ掣肘（せいちゅう）をうけるため仕事ができない、これは理屈に合わぬ、思う通りにやりたいというので一応もっともと思って別にしたんです（傍点；引用者）［岡田茂吉全集編集委員会編1997: 565]

この教団分離はまた、教義上は以下のように説明づけられている[36]。

　ここで御注意すべき事がある、それは日本観音教団と日本五六七教との関係であるが、之は二体同身ともいうべく、何故２つに分けたかというと、凡て物には陰陽があり、夫婦があり、経緯(たてよこ)がある如く、両者長短欠点を補い合い進む事こそ、発展が速やかになるのであって、言わば左右の腕ともいえる、之が真理である。
『光』創刊号、1949年［岡田茂吉全集編集委員会編1996: 27-28］

　ここに述べられているのは、〈救世教〉の独特の世界観で、世界は陰陽、男女、タテヨコによってなり、それが相補うことが発展の基礎になるとされ、今回の教団分離もそのしくみを踏まえた神の経綸であると解釈されている。
　五六七会の抜けた日本観音教団の中心を担ったのは天国会である。1949（昭和24）年には両教団の信者数を合わせて10万を超えた（第４章表4-1参照）。
　さて、この日本五六七教の組織は、どのようなものであっただろうか。これは、日本観音教団の分会の内部組織を、最も発達した形で示しているものと推測される。日本五六七教では総本部（日本五六七教会）を小田原市に置き、本部直轄教会として、東京別院（世田谷区玉川上野毛）、別府別院、熱海分会の３教会、また他に75の分会、その下に教導所510ヶ所を有していた。布教師として教師（19名）、教師補（64名）、教導師（2,635名）が布教の中心にあった。総本部は、各地方に教師を派遣し、主として分会の指導を行なったが、各地方における布教活動の中心は、直轄教会、分会、教導所が担った（図3-2）。日本観音教団は、このような分会組織の統一されたものであった。

図3-2　日本五六七教（旧五六七会）の組織
＊資料：『光』号外、1949年5月30日

小括

　以上、〈救世教〉の前身団体の終戦直後までの展開をみてきた。戦前は、宗教活動が行えなかったため、民間療術団体としての活動だった。しかも茂吉自身の活動は制限されたため、高弟（中親＝名取）らによる多中心的ネットワークを形成した。戦後、統一的な療術団体・日本浄化療法普及会として再組織化された。この時期は、今日から逆算した〈救世教〉教団史という観点からは「過渡期」と言いえようが、当時の茂吉の考えとしては、必ずしも「宗教（法人）」という形態に拘っていなかったのではないかとも思える。当然、「宗教法人」には減免税などの特典があり、活動を行う上でのメリットはあった。一方で、新宗教に対する社会の偏見や、「宗教」の看板を掲げてしまうと却って「信仰」の有無によって門戸を狭めてしまうという、茂吉のプラグマティックな判断もあった。

　彼が当初から宗教的な志向性を有していたことは疑いないが、宗教団体としての再建は、「療術の危機」を背景とした偶然の産物でもあった。いずれにしても、このようにして〈救世教〉は療術系新宗教へ向かっていった。し

かし、法的意味で宗教教団になったこと（宗教法人化）は、それのみでは本研究の観点において宗教の十分条件を満たしたとは言えない。宗教様式の観点では果たしてどうであったか。教義の面では、「教え」の形而上学的側面が復活したが、まだ試行錯誤の段階だった。それは信者への定着の浅さ、次章以降にみる教義の不安定性をみれば明らかになろう。儀礼の面では「治療」が、宗教的療術としての「浄霊」として再定義された。

　組織の面では、教祖・茂吉を中心とした統一的構造化は充分には行われていない。日本観音教団時代には、茂吉は「顧問」という立場であって、教団運営の表舞台にたっていない。布教は戦前から一貫して講習会形式に依った。また、五六七教会の分離に象徴されるように、分権性が高かった。組織面では、療術行為を中心としたネットワーク的段階から抜けきっていないと言えよう。したがって、本章の段階は、（呪的）宗教化の萌芽はみられたが、未だ戦前から続いた療術ネットワークとしての色彩が濃厚であり、形式的宗教化の段階に留まったと言える。

註

(1)　　巻末資料3-1参照。
(2)　　茂吉は、すでに1935（昭和10）年に最初の神憑りをしている［宗教法人世界救世教編1994上：256-260］。大本からの独立の直接の原因は、愛善新聞配布をめぐるトラブルとされるが、以前から活動方針をめぐって対立があった［同上：375-379］。第一章註48参照。
(3)　　「観音会の主旨」(1936.1.1)を以下に記す。
　　　一、本会は、観世音菩薩崇信者に依って成る団体とす
　　　一、会員は、観世音菩薩の恩恵を蒙り、健全精神と、健康身体保持者となって、国家社会に竭（つく）すを目的とす
　　　一、健全精神と、健康身体を、保有する者を以て、完全人間となす
　　　一、完全人間の増加によって、完全社会、完全国家は、形成すべし
　　　一、完全社会は、病貧争絶無と成る事を信ず
　　　『東方之光』9号（［岡田茂吉全集編集委員会編1994: 345］に所収）。

ここには、単なる健康（療術）にとどまらず、健全精神、人間性の完成、社会変革への言及も見られる。

(4) 　中島一斎（本名・武彦、1900〜1950）は、明治大学商科を中退後、ブリジストン・タイヤなどに務めた。長女の疫病が癒されたことをきっかけとして1932（昭和7）年、茂吉を通じて大本に入信した。茂吉を救世主と信じ、「自分に厳しく、人にも厳しかった」と伝えられている［世界救世教教団史編纂委員会編1986: 50-56,383-384］［麻生1961］。

(5) 　木原義彦（1899〜1961）は、熊本県生まれ。元大本の信者であったところ、1934（昭和9）年、北海道から大本の本部・京都綾部に向かう道中、東京の顔見知りに茂吉の弟子がいた縁で、茂吉に師事するようになった。のちに、茂吉の命で九州布教にあたった［世界救世教教団史編纂委員会編1986: 60］。

(6) 　1886（明治19）年、神道系の諸教会を統括する目的で設立された組織。明治政府は1872（明治5）年、教部省を設置し、神仏教導職を設けて、三条の教則（敬神愛国ノ旨ヲ体スベキ事、天理人道ヲ明ニスベキ事、皇上ヲ奉戴シ朝旨ヲ遵守スベキ事）に基づいた国民教化運動に従事させた。この際、教導職の布教・教義研究機関として大教院が設立されたが、1875（明治8）年、本願寺教団が大教院から分離すると、神道側は神道事務局を設立した。1884（明治17）年、教導職が廃止されると、2年後、神道本局が設立され教派神道の一つとなった。1940（昭和15）年、「神道大教」と改称して現在に至る［國學院大學日本文化研究所編1994: 135,468、安丸1979: 181-211］。

(7) 　宇津木義郎について、詳細は不明だが、彼は丹波康頼という平安時代の医師によって撰述された『神遺方』を編集・発行している。その序文には、長年「神学の研究」を行なっていたとある。丹波は『医心方』（全30巻）の撰述で有名な人物で、この書は日本最古の医書とされる。『神遺方』は、大已貴神伝あるいは少彦名神伝などとして諸国の神社、旧家などに伝わっていたものなどを撰述したもので、日本古来の医法をまとめたものである。序の中で、宇津木は西洋医学偏重を批判し、「皇朝医学」の復興を訴えており、茂吉の考えと通じるものがある［宇津木1925］。

(8) 　当時、国家公認の「神道者の資格」はないが、教派神道の各派で個別に認定することは出来た。したがって、宇津木の所属した神道本局において、何らかの資格を得たものと考えられる。

(9) 　半紙に「治療観音力」などと墨書したもの。このような道具を用いて救済力を発揮するというのは、大本の「御手代（みてしろ）」の応用である。出口王仁三郎は、シャモジに和歌を書いて信者に与えたが、大本時代の茂吉は扇に和歌を書いて弟子たちに与え、鎮魂＝治病にあたらせていた。

(10)　大日本健康協会の主旨及び会則は、巻末資料3-2を参照。
(11)　1935（昭和10）年12月8日、約900名の武装警官を動員し、王仁三郎ほか幹部らが検挙された。翌年3月、大本は外郭団体とともに解散させられた。この頃、全国で462人が一斉検挙された（同時期に、岡田茂吉のもとにも警官が訪れている）。その後、公判前に関わらず、教祖・なおの墓があばかれ、京都綾部・亀岡の本部施設は、ダイナマイト等で悉く破壊された。容疑は、治安維持法違反と不敬罪だったが、のちに大審院判決で、治安維持法違反容疑については無罪となった。しかし、公判前後に、20名以上が拷問等で既に亡くなっていた［出口1970: 127-265］。「日本近代史上最大の宗教弾圧」と言われる［小池ほか編1978: 1-39］。
(12)　両会の活動を行なえなくなった茂吉の経済状態は、当然のことながら逼迫した。1936（昭和11）年9月には、観音百幅会というものをつくって、茂吉筆の観音画を頒布して資金を集めている。巻末資料3-3を参照。
(13)　政府が発表した「宗教団体法案理由書」には、本法案の提出理由について次のようにある。「宗教団体ニ関スル現行法規ヲ整備統一シ宗教団体ノ地位及之ニ対スル保護監督ノ関係ヲ明確ナラシメ其ノ健全ナル発達並ニ教化機能ノ増進ヲ図ル等ノ為宗教団体法ヲ制定スルノ必要アリ」［井上1969: 238］。
(14)　「宗教団体」は、社会の「安寧秩序ヲ妨ゲ」たり「臣民タルノ義務ニ背」いた場合（第十六条）や、教団規則等に違反した場合（第十七条）など、設立認可を取り消されたり、代表者が解任されたり、活動を停止させられる可能性があった。しかし処分に不服がある場合は、行政裁判所に訴えることも出来た（第二十条）［井上1969］。
(15)　「宗教団体」については、「宗教団体法」第一条で次のように定義されている。
　　「本法ニ於テ宗教団体トハ神道教派、仏教宗派及基督教其ノ他ノ宗教ノ教団（以下単ニ教派、宗派、教団ト称ス）並ニ寺院及教会ヲ謂フ」。
　　宗教団体を設立する方法は同法第三条で「教派、宗派又ハ教団ヲ設立セントスルトキハ設立者ニ於テ教規、宗制又ハ教団規則ヲ具シ法人タラントスルモノニアリテハ其ノ旨ヲ明ニシ主務大臣ノ認可ヲ受クルコトヲ要ス
　　教規、宗制及教団規則ニハ左ノ事項ヲ記載スベシ
　一　名称
　二　事務所ノ所在地
　三　教義ノ大要
　四　教義ノ宣布及儀式ノ執行ニ関スル事項
　五　管長、教団統理者其ノ他ノ機関ノ組織、任免及職務権限ニ関スル事項
　六　寺院、教会其ノ他ノ所属団体ニ関スル事項
　七　住職、教会主管者、其ノ代務者及教師ノ資格、名称及任免其ノ他ノ進退

並ニ僧侶ニ
　　　関スル事項
　　　八　檀徒、教徒、又ハ信徒ニ関スル事項
　　　九　財産管理其ノ他ノ財務ニ関スル事項
　　　十　公益事業ニ関スル事項
　　教規、宗制若ハ教団規則ヲ変更セントスルトキ又ハ法人ニ非ザル教派、宗派若ハ教団ガ法人タラントスルトキハ主務大臣ノ認可ヲ得クルコトヲ要ス」。
　　「宗教団体」は、法人化が可能（第二条）であり、財産の差押禁止（第二十一条）、所得税・法人税・地方税等の免除（第二十二条）などの保護・特典があった。「宗教結社」（註16参照）にはこれらは認められていない［宗教団体法］［井上1969］。

(16)　「宗教結社」については、「宗教団体法」第二十三条で次のように規定されている。「宗教団体ニ非ズシテ宗教ノ教義ノ宣布及儀式ノ執行ヲ為ス結社（以下宗教結社ト称ス）ヲ組織シタルトキハ代表者ニ於テ規則ヲ定メ十四日内ニ地方長官ニ届出ヅルコトヲ要ス届出事項ニ変更ヲ生ジタルトキ亦同ジ宗教結社ノ規則ニハ左ノ事項ヲ記載スベシ
　　　一　名称
　　　二　事務所ノ所在地
　　　三　教義、儀式及行事ニ関スル事項
　　　四　奉斎主神
　　　五　組織ニ関スル事項
　　　六　財産管理其ノ他ノ財務ニ関スル事項
　　　七　代表者及布教者ノ資格及選定方法」
　　［井上1969］。

(17)　本門佛立講系の浄風教会や仏教感化救済会の流れをくむ大乗修養団のように、宗教団体・結社の設立を断念した例がある。浄風教会については［東洋大学大学院西山ゼミ浄風会調査プロジェクト編2005］、特に25〜29頁を参照。大乗修養団については［西山2005b: 21-23］および註27も参照。

(18)　「宗教団体又ハ教師ノ行フ宗教ノ教義ノ宣布若ハ儀式ノ執行又ハ宗教上ノ行事ガ安寧秩序ヲ妨ゲ又ハ臣民タルノ義務ニ背クトキハ主務大臣ハ之ヲ制限シ若ハ禁止シ、教師ノ業務ヲ停止シ又ハ宗教団体ノ設立ノ認可ヲ取消スコトヲ得」［宗教団体法　第十六条］［井上1969］。

(19)　民衆宗教史の研究者・村上重良は「これらの一連の宗教弾圧は、(国家神道体制下の；引用者補足) 国体の教義にとって異端的であったり、正統的な解釈を逸脱した教義をかかげて民衆をとらえ、無視できない有力な教勢を築いていた新宗

教にたいする国家権力の憎悪をこめた攻撃であった」と述べている［村上1970: 203-204］。一方で小島伸之は、特別高等警察による大本事件とひとのみち事件取締の論理を詳細に検討し、それぞれ反社会的運動と呪術迷信の取締という異なる論理を指摘し、多様な論理の存在に注意を促している［小島2008］。いずれにせよ、宗教集団（宗教集団に限らないが）が極めて不安定な社会環境に置かれていたことにかわりはない。

(20) 渋井總斎（本名・総三郎、1886〜1955）は、小学校卒業後、漢学塾などに学んだのち、新宿で洋服商（大内屋）を営んでいた。茂吉と出会う前は、解脱会に入信していた。また同会の修行に満足せず、自ら水行を行なうなど霊性の開発に努めた。母の腰痛が癒されたことをきっかけとして、1938（昭和13）年に入信した。茂吉と初めて対面した時、茂吉と観音が一つになるのを見たとされ、「夜昼転換」の教えに特に魅かれたという。商売によって多額の資産を蓄えていたが、入信後その多くを献金している［世界救世教教団史編纂委員会編1986: 134-153,460-462、世界救世教伝道史編纂委員会編1995］。

(21) 「五六七」を「みろく」と読ませたのは、仏教において弥勒菩薩が、釈迦入滅から56億7千万年後、この世に降りるという話に由来する。大本においても救世主みろくは重要な神で、出口王仁三郎と同一視されている。［世界救世教伝道史編纂委員会編1995: 124］。

(22) 「教派、宗派又ハ教団ヲセントスル者ハ教派、宗派又ハ教団ノ規則ヲ作ルコトヲ要ス／規則ニハ左ノ事項ヲ記載シ設立者之ニ署名スベシ
　　一　目的
　　二　名称
　　三　事務所ノ所在地
　　四　財産管理其ノ他ノ財務ニ関スル事項
　　五　主管者、代務者其ノ他ノ機関ニ関スル事項
　　六　所属神社、寺院及教会ニ関スル事項
　　七　公益事業ニ関スル事項
　　八　規則の変更ニ関スル事項」
　　「宗教法人令」第二条［井上1969: 564］。

(23) 巻末資料3-7参照。

(24) 1945（昭和20）年12月の宗教団体法廃止・宗教法人令施行時の（認可済）宗教団体数は43で、そのうち法人格を有していたのは、天理教、日蓮宗、融通念仏宗、華厳宗、日本天主公教、日本基督教団の6団体だけであった。法人令施行後4年間で、全宗教法人の数は182,629に達した。包括法人だけみても、1951（昭和26）年の法人令廃止までに、742団体が登録され、すべて宗教法人となっている

[井上1969: 278-279]。1951（昭和26）年4月、宗教法人令は廃止され宗教法人法（法律第126号）が施行された。宗教法人法は本則10章89条（附則28項）からなり、附則をあわせても37条しかなかった宗教法人令に比べるとはるかに細かい規定を持っており、既述のような社会的批判に応答して、所轄庁の「認証」を義務づけた。同法の施行によって、宗教法人にふさわしくない団体の法人設立は難しくなった［同上］。

(25) なお、前年の1946（昭和21）年11月、「東京都療術師組合」が結成されており、茂吉はその顧問となっている［岡田1997b］。また、代替医療の研究者・田邉信太郎は、戦後間もなくから活動している療術関係者から、「岡田茂吉はかつては、自分たちの同業者であり、療術に関する運動にも理解を示してくれていた」と聞いたことがあるという［田邉1997: 17］。

(26) 新憲法の第二十条に「信教の自由」（第1項）と「政教分離」（第2、3項）が規定された。「①信教の自由は何人に対してもこれを保障する。いかなる宗教団体も、国から特権を受け、又は政治上の権力を行使してはならない。／②何人も、宗教上の行為、祝典、儀式又は行事に参加することを強制されない。／③国及びその機関は、宗教教育その他いかなる宗教的活動もしてはならない。」

(27) 戦後、信教の自由が保障されたにも関わらず、ストレートに宗教法人化を目指さなかった教団の例としては、日蓮宗法音寺（本山・愛知県名古屋市）がある。法音寺の前身は1914（大正3）年（1909年説もある）に民間法華行者・杉山辰子（1867～1932）と医師・村上斎（1856～1947）によって設立された仏教感化救済会で、宗教（社会教化）活動と社会事業の両面の活動を展開した［西山2011］。同会の活動はその後、1934（昭和9）年に設立認可された財団法人・大乗報恩会（社会事業部門）と1937（昭和12）年に設立認可された大乗修養団（宗教・社会教化部門、1942年に解散）に継承されたが、1943（昭和18）年、「宗教団体法違反」等の容疑で取締まりを受けた。その後は宗教活動が禁止され、財団法人・昭徳会（1944年に「大乗報恩会」から名称変更）として、社会事業のみの活動を余儀なくされた［日蓮宗大乗山法音寺2012］。戦後は、同会を継承した鈴木修学（1902～1962）の指導のもと、独立教団としての宗教化を目指さず、1947（昭和22）年4月、被包括法人として日蓮宗の傘下に入るという興味深い展開をしている［西山2005b］［日蓮宗大乗山法音寺2012］。その要因の一つとして、国家権力への「抜き難い不信感」が挙げられている［法音寺広報委員会編著1978: 92］。また、修学の義弟で辰子の甥にもあたる日蓮宗僧侶・森泰淳が、修学に次のように進言したとされる。「新宗教と呼ばれるものは玉石混淆で、中には民衆の心をとらえるものもあるだろうが、善し悪しを見極めるのはむずかしい。そんな中に加わっては、自分たちの主張は確かに立派で正しいかも知れないが、一般民衆がどう

受け止めるかわからない。熱狂的な活動を行えばまた、それはそれで非難を浴びたり、圧力をかけられたりするだろう。／あれこれ考えあわせてみれば、宗教活動を行なってゆくには既成宗教の中に入るのが一番だと思う。中に入っても束縛を受けず、独自の布教活動をする道はいくらでもある筈だ」［法音寺広報委員会編著 2005: 43-44］。戦後、宗教団体として再建する際の修学の模索には、ちょうど同時期の岡田茂吉にとっても共通する点があるだろう。

(28) しかし結局、この期限は延長され、その後撤廃された［田邉 1998: 5］。

(29) 1935（昭和10）年10月、大日本観音会の総本部がおかれたところで、茂吉の自宅としても使用された。旧・日本観音教団本部。茂吉の渋井に対する信頼が伺える。ただし、茂吉はしばしば転居しているが、渋井はその度に転居先購入にあたって資金を集めた。1948（昭和23年）年、熱海の旧・久邇宮家別邸（のちに碧雲荘と名付けられる）を購入した際は、購入代金700万円を3日で届けている［世界救世伝道史編纂委員会編 1995: 10］。その他、美術品の購入の際など、総斎の献金は飛び抜けていた。

(30) 同年10月、宗教法人「日本観音教五六七会」として登記［大家編 1984b: 358］。他の会については不明。

(31) 大沼光彦（1901～1971）は、東京で海産物問屋を設立し、手広く事業を展開していたおり、モラロジー（道徳科学）の会員になっていた。1942（昭和17）年頃、岡田式指圧（浄霊）の話を聞き、渋井を訪ね、「夜昼転換」の教えに魅かれて入信した。渋井の助手などを務めた後、大成分会長、本部理事、総長などの要職を歴任した［世界救世教団史編纂委員会編 1986: 263-266］。

(32) 側近の証言によれば、この当時の信者数は11万人余（うち五六七教会の信者数は7万5千人）だった［金 1989: 64］。

(33) 『朝日新聞』1948年12月29日。

(34) 翌1949（昭和24）年、包括法人「日本五六七教」を設立し、日本五六七教会を被包括法人とした［世界救世教伝道史編纂委員会 1995: 184-185］。

(35) 1948（昭和23）年10月末現在、日本観音教団会員約8万8千の内、五六七会の会員は6万2千余であった。『光』号外（1949年5月30日）。

(36) 巻末資料4-1も参照。

第4章
教団統合の模索
——系統制と一元制——

　本章のテーマは〈救世教〉の教団統合である。組織の拡大は、必然的にその分節化をもたらすため、中央への統合が、必然的に組織化のテーマとなる。統合化には、「系統的教団統合」と、「一元的教団統合」がある。系統的教団統合は、系統教会制のようなタテの分節的中間組織を介しつつ、本部への統合を高めることである。組織型としては、西山のいう系統型となる。一元的教団統合は、そのような中間組織を廃して、本部直結の形で、統合を高める。組織型としては、西山のいう一元型となる。前者より後者の方が統合度は高いが、構造化の契機として、高度な官僚制事務機構を発達させる必要がある。

　第1節では、まず〈救世教〉の教勢の推移をみる (4-1)。次に、第2節では、世界救世教(メシヤ)の成立を取り扱う。この段階で、はじめて名実ともに教祖カリスマが確立し、十全な意味で〈救世教〉は、宗教教団として確立したと言える。教祖が代表役員として、教団運営の表舞台に登場し、系統教会制という形で、教団統合が高められた（系統的教団統合）(4-2)。最後に、第3節は、教祖死後の岡田家の宗教的イエモト化と、その後の教団一元化の展開を見ていく（一元的教団統合）。これは、宗教的イエモト論から見れば、「イエモト中心的教団統合」の模索であった。しかし、同時にこの過程は、イエモト官僚の肥大化を招き、イエモトとイエモト官僚の矛盾的な関係を招来した (4-3)。

4-1　世界救世教の教勢

　ここで、世界救世教の前後の時期も含めて、〈救世教〉の信者数・教師数の推移を概観しておこう。「人口動態的変数」［森岡 1989: 17］こそ、宗教運動の組織展開の基礎である。図4-1は文化庁（旧・文部省）が編集発行している『宗教年鑑』(1954年版～2010年版)ほか[1]によって筆者が作成したものである。

　『年鑑』の数値は自己申告であるが、一般に新宗教教団は信者が流動的で、教団自身正確な信者数を把握出来ていない。例えば、脱会者を把握することは困難ということもあり、信者数は累積していくだけで、引き算をしていないことが多い（まれに信者数の整理を行なって下方修正する場合もある）。また、信者数には誇張がある場合もあり、実数として捉えることは出来ない。それにも関わらず、教団ごとに一定の基準があると考えられるため、大まかな教勢の推移をみるためには有益である。

　教師数の場合、教団にとっては信者数よりも把握しやすく、実数に近いと思われるが、教師制度の見直し等があるため[2]、そこから教勢を推測するには注意が必要である[3]。

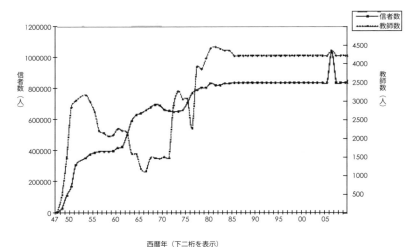

西暦年（下二桁を表示）
図4-1　信者数・教師数の推移
＊資料：文化庁編『宗教年鑑』1955年～2011年ほか

第4章　教団統合の模索―系統制と一元制―

表 4-1　教師数・信者数の推移

西暦	教師	信者	信者増加数	増加率(%)	西暦	教師	信者	信者増加数	増加率(%)
1947	-	-	-	-	1979	4,132	804,545	704	0.1
1948	-	88,000	-	-	1980	4,410	831,956	27,411	3.4
1949	1,455	107,806	19,806	23	1981	4,447	821,202	△10,754	△1.3
1950	2,830	164,785	56,979	53	1982	4,399	821,367	165	0.0
1951	3,010	305,732	140,947	86	1983	4,353	830,602	9,235	1.1
1952	-	-	-	-	1984	4,353	830,602	0	0.0
1953	3,160	349,094	43,362	14	1985	4,211	835,756	5,154	0.6
1954	2,974	373,173	24,079	7	1986	4,211	835,756	0	0.0
1955	2,704	385,664	12,491	3	1987	4,211	835,756	0	0.0
1956	2,201	393,534	7,870	2	1988	4,211	835,756	0	0.0
1957	2,125	394,004	470	0	1989	4,211	835,756	0	0.0
1958	2,047	395,240	1,236	0	1990	4,211	835,756	0	0.0
1959	2,073	398,174	2,934	1	1991	4,211	835,756	0	0.0
1960	2,247	415,428	17,254	4	1992	4,211	835,756	0	0.0
1961	2,192	424,024	8,596	2	1993	4,211	835,756	0	0.0
1962	2,143	499,381	75,357	18	1994	4,211	835,756	0	0.0
1963	1,572	591,133	91,752	18	1995	4,211	835,756	0	0.0
1964	1,572	629,173	38,040	6	1996	4,211	835,756	0	0.0
1965	1,172	639,816	10,643	2	1997	4,211	835,756	0	0.0
1966	1,096	658,422	18,606	3	1998	4,211	835,756	0	0.0
1967	1,462	678,176	19,754	3	1999	4,211	835,756	0	0.0
1968	1,464	696,859	18,683	2.8	2000	4,211	835,756	0	0.0
1969	1,441	691,646	△5,213	△0.7	2001	4,211	835,756	0	0.0
1970	1,485	662,072	△29,574	△4.3	2002	4,211	835,756	0	0.0
1971	1,464	656,078	△5,994	△0.9	2003	4,211	835,756	0	0.0
1972	2,879	649,518	△6,560	△1.0	2004	4,211	835,756	0	0.0
1973	3,261	652,248	2,730	0.4	2005	4,211	835,756	0	0.0
1974	3,050	661,263	9,015	1.4	2006	4,346	1,031,506	195,750	23.4
1975	3,054	708,875	47,612	7.2	2007	4,211	835,756	△195,750	△19.0
1976	2,263	769,998	61,123	8.6	2008	4,211	835,756	0	0.0
1977	3,905	790,405	20,407	2.7	2009	4,211	835,756	0	0.0
1978	3,846	803,841	13,436	1.7					

＊資料：文化庁編『宗教年鑑』1955年～2011年ほか

　図4-1を見てわかることは、1955（昭和30）年の教祖の逝去までの時期に急速に発展し、二代になってしばらく停滞期があったが、60年前後になってようやく持ち直した。しかし1962（昭和37）年二代が逝去し、三代の時代になると60年代後半から70年代前半にかけて再び停滞期に入る。そして第2節で詳述する教団一元化をきっかけに再び発展しはじめたが、80年代以降

は三度(みたび)停滞期を迎えている⁽⁴⁾。前２回の停滞期はそれぞれ、教主の代替わりの時期にあたっている。三代の時代の停滞は、後述するような複合的要因が考えられる。70年代後半の発展は一元化の成果とみられるが、それだけに内外に一元化の成果を宣伝するという意図があるため、誇張が含まれている⁽⁵⁾。そのような事情は二代の後半の時期についても同様であり、実態は、教祖の死後は低成長あるいは停滞期（衰退期）と言っても差し支えない。また70年代の教師数の異常な伸びは、教勢を反映したものというよりは、組織整備にともなって、事務職員（専従者）を大量に採用したためであろう。

図4-2は、布教所と教会数の推移である。これを見ると、基本的に教祖の逝去後、教会数、布教所数ともに増加していない⁽⁶⁾。

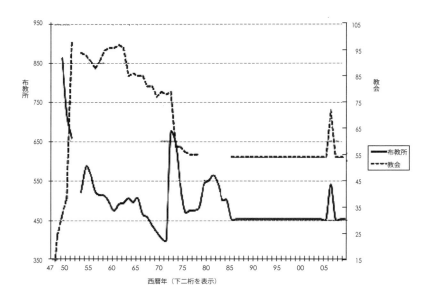

図4-2　布教所・教会数の推移
＊資料：文化庁編『宗教年鑑』1955年〜2011年ほか

第4章　教団統合の模索―系統制と一元制―

表4-2　教会数・布教所数の推移

西暦	教会	布教所	法人	西暦	教会	布教所	法人	西暦	教会	布教所	法人
1947	-	-	-	1968	81	437	76	1989	54	453	2
1948	24	-	14	1969	77	420	87	1990	54	453	2
1949	32	863	30	1970	79	405	78	1991	54	453	2
1950	38	718	38	1971	78	399	77	1992	54	453	2
1951	98	659	37	1972	79	672	6	1993	54	453	2
1952	-	-	-	1973	58	648	3	1994	54	453	2
1953	94	520	52	1974	58	541	3	1995	54	453	2
1954	93	585	45	1975	56	471	2	1996	54	453	2
1955	91	567	51	1976	55	474	2	1997	54	453	2
1956	88	522	47	1977	55	474	2	1998	54	453	2
1957	91	513	50	1978	55	483	2	1999	54	453	2
1958	95	511	60	1979	-	540	2	2000	54	453	3
1959	96	493	62	1980	-	550	2	2001	54	453	3
1960	96	474	66	1981	-	563	2	2002	54	453	3
1961	97	490	71	1982	-	542	2	2003	54	453	3
1962	96	493	78	1983	-	500	2	2004	54	453	3
1963	85	504	70	1984	-	500	2	2005	54	453	3
1964	86	495	70	1985	54	453	2	2006	72	540	3
1965	85	504	66	1986	54	453	2	2007	54	453	3
1966	85	465	69	1987	54	453	2	2008	54	453	3
1967	81	458	61	1988	54	453	2	2009	54	453	3

＊資料：文化庁編『宗教年鑑』1955年～2011年ほか

　以上のような〈救世教〉の大まかな教勢を念頭におきながら、教団統合の模索の段階を見ていこう。

4-2　世界救世教(メシヤ)の成立

　1950（昭和25）年2月、日本観音教団、日本五六七教が発展的に解消されて、「世界救世教(メシヤ)」（本部熱海）が設立される。本部組織としては内局部、総務部、教務部等が置かれ、役職として顧問・理事が任命された。地方組織は大教会制となり、天国大教会（主管・中島暉世子[7]、静岡県熱海市）、五六七大教会（渋井總斎、神奈川県小田原市）、大成大教会（大沼光彦、神奈川県足柄下郡宮城野村）が設立された。これらは分会の発展的解消ともいうべきもので、大

101

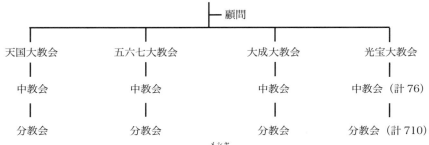

図4-3　世界救世教(メシヤ)の組織
＊資料：[宗教法人世界救世教編1994下：250-251]

成大教会は、小規模分会の寄せ集めであった［渡邊1950: 235-236］。すぐに九州の開拓布教を担ってきた光宝大教会（木原義彦、佐賀県三養基郡鳥栖町）が加えられ、4つの大教会のもとに76の中教会が置かれ、その下に710の分教会が設けられた［宗教法人世界救世教編1994下：249-252］（図4-3）。この時期までに重層的な系統型、あるいは「おやこ」型の組織形態が確立していることがわかる。

今回の教団誕生は、茂吉の経緯、伊都能売(たてよこ いづのめ)思想によって独特の意義付けが行われている。そこでは、天国会（日本観音教団）は経、五六七会は緯であって、五六七会は教団を拡げる動きは大きかったが、まとめる力がなかった。天国会は教団を統合する力はあったが、堅苦しかった。この両者（両原理）が合い結ぶことで（これを教団では「伊都能売」の働きと言う）、発展が加速する、と説明されている[8]。教団分離の際の解釈が、組織の展開とともに発展的に理解されている。

今回、茂吉は代表役員となり、はじめて教団運営の表舞台にたった。またこの時期、第1章で詳細に述べたように、茂吉は救世主メシヤと捉えられるようになった。これは、教祖中心の組織・教義両面での系統的教団統合と言える。

世界救世教(メシヤ)結成後まもない1950（昭和25）年5月、茂吉は贈賄容疑で逮捕、

留置され、教勢は一時停滞した⁽⁹⁾。翌6月、茂吉の出所直後、「世界救世教再建整備委員会」が設置され、組織改革が行なわれた。それによって、教主が代表役員を兼ねる制度が廃され、管長制となり、管長1名、理事11名（管長を含む、常任3名）、監事3名、相談役若干名と定められた⁽¹⁰⁾［宗教法人世界救世教編1994下：290］。

　1951（昭和26）年2月、大教会制が廃止となる［世界救世教伝道史編纂委員会1995：265］⁽¹¹⁾。この改革は、中間組織（大教会）を廃止し、教会をそれぞれ本部直轄にして、組織を単層化する意図があったと思われるが、どの程度の効果をあげ得たかは不明である。その後の展開を考えると、教会間の関係は派閥となり、いわゆる「インフォーマル組織」として維持されたように思われる。しかし、教団の一元化の動きの胎動として注目される。

　同じ頃、地方組織を教会制から地区制に変更することが公表された［宗教法人世界救世教編1994下：293-294］。この試みは、結局、実現しなかった⁽¹²⁾のであるが、後の一元化をみる上で重要だと考えるので、少し詳細に見ておこう。

　この改革は2月5日に茂吉より発表され、新機構の趣旨、組織、人事の詳細は、教団機関紙『栄光』第94号（1951年3月7日）に掲載された。その趣旨では、熱海に総本部、小田原（五六七大教会本部）に本部を置き、後に熱海瑞雲郷の中心となる救世会館の建設を目指すとされている。役員は管長、理事、監事の制とし、他に相談役を置く。本部組織は、内局部、総務部、教務部、財務部、造営社会事業部、宣伝部、出版部等とし、地方組織は、当時の教勢に即して17の地方本部⁽¹³⁾を置くこととした。

　計画では、地方本部には3段階の大教会（協力会員1,000人以上）、中教会（同300人以上）、教会の組織を設けるとされた。これらの教会は漸次各府県ごとに整備することが述べられており、教会制から地区本部—県本部体制へのゆるやかな移行が目指されている。また移行過程への留意として、信者を動揺させないために、地区制の導入後すみやかに教会の新設や、所属替えによって信者を地区ごとに再編すること。また、当時の布教状況、教会の展開を考慮して、向こう一年は数地区に渡っての布教を認めつつ、漸次地区内で

103

のみの布教に専念させることとしている。このような布教の在り方を当時の記事は「布教費の節減其の他布教の合理化」と捉えている。

　この改革は、「教祖中心」の一元的集中化の試みであったが、結局教会長らの反発にあって失敗に終わった。

　1955（昭和30）年２月、茂吉が逝去したので、かわって妻のよ志が二代教主に就任した。この際、光宝大教会（佐賀、独立して世界明主教→晴明教→新健康教会）が分派した。同教会は、日本観音教団のメシヤ会の系譜をひく有力教会であり、教会長の木原義彦は、茂吉の大本時代以来の高弟の一人で渋井、中島につぐ大幹部であった［清水1973: 68］[14]。木原の分派の背後には、有力教会間の主導権争い、二代教主の位置づけをめぐる対立や、隠然たる権力をもっていた松井顧問への反発があった。以後、顧問制は、同教団の大きな争点となる。木原は茂吉が病気で亡くなる直前頃（既に中島はなく、渋井も病気療養中で間もなく亡くなっている）から、理事長職にあって教団運営に大きな力を発揮するようになり、他の教会長（理事）たちから反発を受けていた（『明日への道』No.3、1955年4月21日）。

　以下、序章で述べたＳ氏の日記から見ていく。Ｓ氏はこの間の事情を伝聞や直接見聞きした事によって、次のように記している。

　　其の間（管長＝天国会・顧問派と木原派の対立）にあって奥様を二代様に推戴することに決定したのも総て木原理事に相談なく決定したが、木原理事としては明主様即メシヤ様であり、メシヤ様の二代様はあり得ないとの信念から又、事実今までの御論文（教祖が折々に発表した文章；引用者注）、御言葉よりそう信じていた我々も事実を聞けば成程と信じて来ているが、大本信者であり最近まで大本の神様を御参拝し、今も大本の御守り様をかけて居られる事が事実ならば悲しい事ではあるが二代様かメシヤ様の二代様としては納得出来ない事である。──中略──（木原宅にて；引用者補足）木原理事よりの御話しにて、二代様を管長にして、教祖として明主様を御祭り申上げるべきである。御浄霊もした事もなく、夢を以って教えられる様な人に何が出来る、とその信

念をもらされたが成程と思わされた。――中略―― 二代様は御本心からか、現状に沿わせられてか、松井、管長の要請からかは分明ではないが御神体（観音様、大光明如来様を通じての主神）を先に御参拝なされてから明主様に御挨拶申上げる、といふ事を指示され、御実行なされて居られるが、これはそう御信念なされて居られるからであろうが「私は大光明如来を書いている（だから私が主である；引用者補足）」と日常御言葉の明主様の御意向となにかくい異って（ママ）居られる様な気がする。此処に二代様、松井、大草（管長；引用者補足）と木原理事との根本的なくい異いがあった。(傍点；引用者)

『明日への道』No.3、1955年4月21日

　木原は「二代様を管長にして」と語っているように、必ずしも二代をないがしろにするつもりではなかったが、彼女の信仰や、メシヤの後継者としての位置づけは認めていなかった。

　また「二代が大本信者であった」というのは、事実かどうかはともかく、今日でもしばしば語られることであり、その後の教団が大本の様な神道式で祭式を整備し、メシヤ信仰を主神中心に改めた事は事実である。二代大本信者説は、そのような新しい打ち出しに対しての古参信者の戸惑い、反発を表現したものである。そしてＳ氏のようにそれに一定の共感を示した信者も多かった。

　Ｓ氏は同日の日記に、「光宝会色が管長色、天国会色に塗り替えられたに過ぎない」(『明日への道』No.3、1955年4月21日) とも記している。ここには、教主の位置づけを巡って、教会間の勢力争いが見られた。

　上にもみられた通り、二代教主は、まず創造主神の神格を明確にし、主神→教祖→教主→教団の「神的順序」を明らかにした。茂吉は、はじめ自らを神のつかいと考えていたが、次第に神そのもの（メシヤ）と自覚するようになっていた。二代の「神的順序」は、神と茂吉を再び切り離した。そして、神の聖性は、天国の茂吉、その嫡系である教主を介して、永遠に現世に流れ続けるという解釈を示した。つまり、救済力の経路を一本化したのである。

また二代は単なる病気治しの浄霊ではない、「祈りの浄霊」をとなえた（脱呪術化）。続いて祭事を確立し、新たに祖霊祭祀も始められた。事業としては、御神殿の造営が行なわれた。また宗教世界会議の開催など平和活動に取り組んだ[15]。このような過程は、「教主中心」の信仰の一元化の模索といえる。宗教的イエモト論の観点からみると、岡田家の宗教的イエモト化とイエモト集中化の模索をはじめたと言えよう。

　この時期、光宝大教会の他にも、1955（昭和30）年3月、五三二中教会城上支部（兵庫、光教会→大本光之道）[16]、1956年7月、応神教会（京都）・南光教会（九州）・如意輪教会（九州）・帰一教会（九州）（救世主教）[17]、進々大教会光友会支部（東京、浄霊医術普及会）[18] が分派独立した。これらの教団は教団名にもあらわれているように救世主（あるいは明主）信仰の再生を主張し、自らをその正統な継承者と自覚すると同時に、世襲制をとっていないところに特徴がある（浄霊医術普及会を除く）[対馬1990]。これらの教団は、世襲にもとづく教主中心を、教祖中心と霊統で乗り越えようとした。

　一方、世界救世教では、1957（昭和32）年に発表された、「一人が一人を」という布教目標や、1961（昭和46）年の御神殿竣成を目標とした倍加運動の展開など、組織的な布教体制が整えられた。二代教主は、教師の指導も自ら行った[19]。

　この他、二代教主時代において、組織的観点から注目しなければならないのは、1959（昭和34）年頃から組織化された青年会（のちに青年部となる）の運動である。これは、それまでほとんどつながりのなかった教会間（ヨコ）に、数少ないコミュニケーションの機会を提供したという意味で、「教団総ぐるみ体制」（一元的教団統合の一側面）を準備したのである。青年会は、40歳未満の男女（既婚・未婚を問わず）からなり、小学生から大学生までの学生も含まれた。この青年会の組織化に活躍したのが、のちの総長・川合輝明であった[20]。

　1962（昭和47）年1月、二代の死にともない、茂吉の三女・岡田斎が三代教主に就任する。当時の教団の状況は、のちに以下のように語られている。

第4章 教団統合の模索―系統制と一元制―

　教祖の衣鉢を継いで指導力を発揮した二代教主（教祖夫人の岡田よ志女史）が昇天した昭和三十七年以降の教団は、教団本部と地方教会とが、包括・被包括の関係にあったが、それは形式的なもので、地方教会の運営は各教会長の意思によって左右され、財政面も独立採算制で、教主の威光などは実質的には及ばない、教会中心主義の仕組になっていた。教主は、一静岡教区の教主にすぎなかったのが実情で、全国組織の上に乗った教主とは言えなかったのである。これに加えて、教団の外部から入ってきた顧問という存在に教団本部の人事や財政までも侵される有り様で、教祖の多岐にわたる構想を実施して発展して行くということは望むべくもなかった。(傍点；引用者)　『中外日報』1986年9月5日

4-3　教団一元化の展開

(1) 教団一元化の準備期（1964～1971）

　1951（昭和26）年以来、地区制は何度か提言されたが実現には至らなかった。しかしその先駆けとして、1964（昭和39）年に北海道・四国・九州の3地域をモデルケースとして地区制が実施された[21]。これは一定の成果を挙げた。しかし、教会制が深く根を張った本州への地区制導入はなかなか進まなかった。S氏（当時は責任役員）は、このことを次のように記している

　併しこれ等の問題はその影響とかは局部的であるが"内地の地区制"という問題に比ぶれば大したことはない。色々な角度から思うと全々教団の活死にかかわる重要事である。研究すれば研究する程色々な問題が考えられて来る。併幹部達は腫物にさわるようにそのことになると誰も口を出したがらない。成功して当然、一寸でもミスがあれば徹底的にあちこちから云われるであろうし、下手をすると教団に居られない事態が招来されるであろうからである（傍点；引用者）

　『随想』No.1、1968年4月10日

この頃、教会制の弊害は多くの者、特に上層部の人間には共有されつつあったが、教団役員らもクニに帰れば「一国一城の主」の教会長であるため、地区制は自身にとって死活問題であるだけでなく、他の教会長の反発をかうおそれの高い地区制の推進はいわば貧乏くじで、これに触れることを誰もがしり込みしていた。

　1965（昭和40）年、教団一元化のキーマンとなる川合輝明[22]が管長に就任した。川合は1950（昭和25）年、教祖執事が逮捕されたため、25歳の若さで執事の代務を勤めており、翌年の地区制導入失敗も間近に経験している［宗教法人世界救世教編1994下：283,294］。川合の教団一元化への思い入れは、人一倍強かったのではないかと推測される。

　さて、この時点における救世教の組織を整理しておきたい。

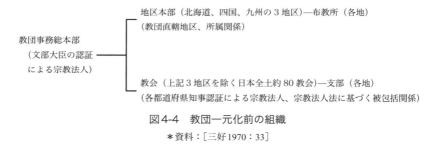

図4-4　教団一元化前の組織
＊資料：［三好1970：33］

　教団一元化前の救世教の組織は、図4-4のように、2つの組織制度の並存状態であった。各法人（教会）は、無監査の独立会計であり、信者、土地・建物、資金を独立運営していた。宣教方針も教会ごとにバラバラで、教えのどの部分を強調するかは教会ごとに区々であった。人事権も教会長が握っていたため、教会長職の世襲化が進んでいた。専従者の研修は本部で一括して行なわれたが、一般信者のなかには所属教会のみに関わり、本部との接点がないような場合も多かった。信者の証である「おひかり」（ネックレス状のもので、浄霊の救済力の源泉となる）は本部から与えられるが、入信教習など具体的な手続き、指導は教会ごとに行なわれた。そこで同じ地域に住んでいて

も所属教会が異なれば信仰も随分違っていたという。

　教団事務本部は直属の地区本部と、各教会からの上納金によって運営されていた。当時顧問であった三好康之[23]は、教会制の弊害を説き、地区制の推進に熱心であった。彼によれば、教会長が帳簿外の巨額の収入（浄霊の対価＝玉串や各種祝い金、負担金）を有する一方[24]、支部長以下の一般教師の生活は苦しく、なり手がない程だったという［三好1970: 37-38］。そこで三好は「教会長所属の支部長以下の教師は地区制実施によって地区布教所として独立する方が給与がよいというのが実相である」と述べ、「上（教団本部；引用者注）から見ても下（教会所属教師；引用者注）から見ても教会長は中間搾取者であり、遠からずのぞかれるべき存在であろう」と述べていた［三好1970: 44］。

　　地方教会の中には、教主の意向を含む全教団的な意思よりも、教会長の意思が優先する教会中心主義をとるものが少なくなく、そういう教会組織の上に教団本部は乗っていた。しかも、各教会の殆どが、五六七（みろく）教会、天国会、大成会の三大派閥にそれぞれ分かれて対抗し合っており、結束して事に当たる、という教団組織とは程遠いものがあった。（傍点；引用者）

　　　　　　　　　　　　　　　　　　　　　　　『中外日報』1986年9月5日

　1966（昭和41）年、その後の分離独立ラッシュのさきがけとなった光映教会（群馬、救世真教）が独立している[25]。これは会長・小野田松造が、執行部の一元化に反対して教会長と教師を罷免されたことが直接のきっかけとされる［梅原1980b、井上ほか編1996］[26]。

　1968（昭和43）年、地区制が本格的に検討される。この際の地区制は、三好顧問の主導のもとで進められた。5月、第一回の地区制準備会が開催された（『明日への道』No.8、5月4日）。翌年2月から地区本部要員の研修会が為され、3月、第一次（30教会）の法人の吸収合併が決定された。4月1日、本部は公告を行った。しかし、4月15日の責任理事会で、川合管長が突然辞

表を提出し理事会は総辞職となった。

　川合の後は、渡辺勝市[27]が管長に就任した。S氏は、渡辺管長（総長）とその後の大沼光彦総長時代（1969年3月〜）は、主要ポストが川合の息のかかったもの（中村力、松本康嗣、中野隆明、勝野政久など、天国―大浄教会系）によって占められており、川合による総長の「ロボット化」であると述べている（『明日への道』No.10、1969年6月11日、1970年3月5日）。なお、教団の代表役員は従来「管長」と呼ばれてきたが、1970（昭和45）年2月、「総長」に改められている（『明日への道』No.10、1970年2月4日）。

　5月23日、川合らは三好顧問を退陣に追い込み、教団の積年の課題であった顧問制の廃止を実現させた。顧問は財務や人事に関して絶大な権力を握っており、その弊害が長い間教団内で問題となっていた［世界救世教伝道史編纂委員会1995: 254-256、山根幸一先生顕彰会1994: 215］[28]。しかし顧問を追われた後、三好は経理上の問題や医師法違反容疑などで、教団を告発する動きをみせ[29]、同時に静岡地裁沼津支部に、教団解散命令を申し立てていた（その後却下）。その係争問題の折衝役として、教団は日本民主同志会の松本明重（1914〜1990）を招いた[30]。1970（昭和45）年2月、外事対策委員会が設置され、松本（明）が委員長として就任した。松本（明）の仲裁によって7月、ようやく教団と三好との間で和解が成立した。

　このような顧問制廃止後の混乱のなか、教団は現体制に危機感を強め、一致結束して事態の打開にあたることが求められた。このようにして、教祖在世中以来の課題であった地区制実施の気運が盛り上がりつつあった。当時全国76の教会長の署名・捺印で、以下のような「教会返上決意書」が出されたという。

　　去る二月九日、瑞雲会館講堂における説明会にて、渡辺総長は「教団は今や危急存亡の時である」と真情を吐露され、更に川合相談役は「今のままの体制ならば教団はつぶれます」とのご発言をされ、そのよってくる禍根の深さを切々とお説きになられ「この未曾有の難局に対し、総長、人事局長、相談役の三首脳が一体となり、教団の楯となって当り、

第 4 章　教団統合の模索―系統制と一元制―

どんな責任でもとる」との身命を賭してのご決意の表明には、強く心を打たれたのでございます。

　この重大危機を克服し、教団を守る道は、ここで同志愛的結束と根本的な体質改善以外には活路はあり得ないとのご意図をどのように体現すべきか、いろいろ想いをめぐらし、かつ話し合った結果、ここに我々は明主様のご意図に叶う体質改善策に対し、私情は捨て白紙になって協力し、実現への努力を惜しまないと言う決意を明確に表明する事に意見の一致を見たのであります。

　そしてそのためには申すまでもない事ですが、教会、支部、信者の一切を神有物として明主様に捧げる意志を再確認し、この直面せる危機から教団を護持し、新しい教団に脱皮する為には信仰向上を基とし、一致団結、真に明朗かつ合理的な、教区制への組織改革も必要であると思われます。その実現の為には全面的に協力し、本部体制への一本化に努力を惜しまないと言う決意をここに明記し、ここに地区教会長一同の決意を表明致します。(傍点；引用者)　　　　　　　　［松本1987: 33-34］

　ただし、この直後から離脱がおこっているように、このような声明書が教会長らの本心から出ていると素直に受け取ることには注意が必要である。
　この年には、秀明教会(京都、神慈秀明会)、五光教会(三重、救世神教)、黎明教会(京都)、青光教会(京都)の4教会が分派した［対馬1990: 87］。青光教会会長・中村一郎は川合の愛弟子、五光教会教会長・後藤英男は渡辺勝市相談役の愛弟子で、ともに有力な信者であり［小鷲1986: 91］、秀明教会は当時最大の信者数[31]を誇った教会である。これら4教会の離脱も、直接には教団の一元化やそれに関連した事件に反対しての独立だった。S氏によると、特に秀明教会は、「異質的」雰囲気で、一元化に「絶対反対」の立場であり、関西方面の資格者どうしの交流も許さず、本部への協力・献金は消極的だったと言う(『明日への道』No.10、1970年3月5日)。同時に宗教的側面においては、後藤は岡田茂吉の霊的復活を体験したとされ、神慈秀明会の離脱も後に神意によるものとして意味づけられている[32]。

111

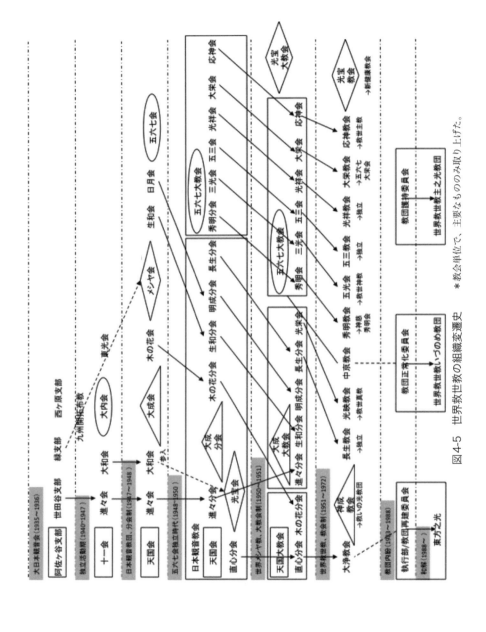

図4-5 世界救世教の組織変遷史

*教会単位で、主要なもののみ取り上げた。

第4章　教団統合の模索―系統制と一元制―

　ここで、〈救世教〉の分派教団の系統を調べてみると、そのほとんどは、旧五六七会系から発生している（図4-5参照）。
　もちろん、五六七会は、かつて教団の7〜8割を占めたので、当然と言えば当然だが、五六七会は、浄霊中心の布教を活発に行なった一方、組織的整備がおろそかになっていた面があり、良くも悪くも〈救世教〉の療術系宗教としての側面を、典型的に示している。また、分派における系統の問題は、大教会制の廃止後も、教団の展開において、その名残が派閥のようにして残っていった傍証ともなるであろう。
　〈救世教〉では、顧問制廃止に功績のあった川合と松本（明）が、次第に教団運営において力を発揮するようになり以後10年間、川合―松本（明）体制によって一元化が強力に推進されていくことになった[33]。一方で、この過程では、組織の一元化の反作用として、組織的な分派が出ている。それは、タテの結びつきの強さ、教会の独立性の高さを、急激に改革しようとしたためである。同時に分派教団は、教祖回帰を主張することで、教主中心の一元的な信仰を乗り越えた。
　顧問制の廃止後の混乱はまた、教主の地位に決定的な影響を与えた。係争のまっただ中の1970（昭和45）年春、教団規則の改正[34]が行なわれ、教主の象徴としての立場が明確になった［松本1987：116］。これは係争問題に教主が巻込まれることがないよう、先手を打ったものともいわれるが、結果として、教主の世俗組織からの分離がいよいよ明確なものとなった。教主の象徴化と並行して、総長（管長）の力が大きくなった。

(2) 教団一元化の推進（1971〜1980）

　1971（昭和46）年4月10日、「全国教会長会議」において、新理事会が発足し、川合が再び代表役員（総長）になる[35]。この際、教主は、「教主に就任して10年を経ましたが、今初めて教主としての本当の心を知りました。ここで教主一年生として再出発したい」と涙ながらに話した［松本1987：78］。これはのちに教主の「おわび」として語られている。この時、教主のみならず、藤枝教主補佐（教主の夫）、山口総長代務など役員総懺悔となった。S氏

113

は当日の状況を以下のように記録している。

　　山口代務が松本明重の公開質問状のことを話す。泣きながらことの次第を語る。明重の質問状を神の声、天の声として聞く、とか教主様に反省をうながすカン言（ママ）を述べるとか、川合首班とかの話しをする。次に参与代表石原氏から体質改善がなされていないとのこと話す。次に川合立って昨年の三好問題から今回の理事会、教会長、教主様の分裂問題を上げ机を叩いて説教する。泣きながらである。次に教主様の御話しも涙ながらである。そして川合、明重への感謝のことを云う。――中略―― そして教会長に川合、明重への感謝のあり方を考えるよう促される。そして気持ちが一つになり教主の座が確立されたよろこばしい日で新発足の一年生として出なおしたいと云われる。次に松本明重が話しをする。大声をはり上げる。そしておどす。三好との話しも出す。全く虎を追出し、狼を入れたのごときである。次に藤枝が立って自己反省をする。教主様の補佐のたらなさ、川合への理解の浅さを涙ながらに云う。最後に山口が出る。そして理事、教議員（ママ）の辞任を撤回し、新しく川合首班の考え、教規の改正、理事の増員と常任、非常任、教議員の増員、新しい組織の検討等をするという。全く涙と強迫（ママ）と怒声の不快な日であった。（傍点；引用者）

　　　　　　　　　　　『明日への道』No.11、1971年4月10日

　ここで、イエモトとイエモト官僚の潜在的対立が顕在化した。以後、教団一元化は、明確にイエモト官僚中心の教団統合の様相を呈していく。

　その後、本部組織の整備が行なわれたが、5月7日、三室九部制（内侍室、企画室、秘書室、人事部、総務部、財務部、教学部、祭典部、宣教部、外国部、事業部、青年部）となった。続いて、9月21日幹部会における臨時協議会において、「教区制実施決議」が行なわれた。この年の下半期の目標は「聖地中心の信仰」と定められ、これは一元化遂行のスローガンとなった[36]。それまでの教会中心の信仰からの脱皮を目指した。同10月5日、光明神殿御本座祭

において、全資格者の参加のもと「教区制実施宣言」が発表された。同時に「教区制推進委員会」（中野恵蔵委員長）が発足し、具体的な準備に入った。同委員会は各地で資格者、世話人クラスを対象とした指導会を行ない、一元化の趣旨の末端への浸透を図った。同12月23日、教祖御生誕祭において、「地区制推進大会」（於：箱根日光殿）が行なわれた。ここでは、中野教区制推進委員長から、業務遂行の経過が報告され、幹部代表（林富雄）、資格者代表、信徒代表からそれぞれ決意宣言が行なわれた(37)。翌1972（昭和47）年1月、教区制推進委員会を発展的に解消して、「教団一元化推進本部」（本部長・川合輝明、諮問委員会・松本明重）が発足した。同時に従来の「教区制」という呼称は「一元化」に改められた(38)。同3月9日、教会吸収合併の法的手続きについて、説明会が開かれた(39)。同11月20日、文化庁より認証を受け、被包括法人として個別の法人格を有していた63教会の吸収合併が達成された［松本1987: 146］(40)。

しかし、1972（昭和47）年頃から再び、現執行部による教団一元化に反対するグループの批判が表面化した。3月には、教団理事・石坂隆明（隆光教会会長）をはじめとする6人の教会長を中心として、18教会が連名で、「公開質問状」を提出した［松本1987: 108-109］。結局、1972年に神成教会（東京、のちに救いの光教団）、五三教会（京都）、1973年、大栄教会（愛知、独立して五六七大栄会）、西光教会岩永支部（広島、天聖真美会）、1974年、隆光教会（島根、みろく神教）などが独立した［対馬1990: 87］。特に神成教会は、日本観音教団時代の大成会の系譜をひく有力教会(41)であり、元教会長・大沼光彦は、教団の総長を務めたこともある有力な長老の一人であった(42)。これらの分派も、「公開質問状」にあるように、教団一元化の進め方に関する意見の相違が大きな要因となっているが、それだけではない。1972（昭和47）年、後に述べる京都救世会館内に、万全の近代医療設備を整えた救世診療所が設けられた。これは、当時進行していた「浄霊」に関する裁判対策という面もあった［松本1987: 182-195］。とはいえ茂吉は、浄霊法は医療よりも卓越していると強調し、病院の必要はないと述べていたため［岡田1996f］、診療所の設置は教団内に物議を醸した(43)。「診療所を開設したのは浄霊による治病効果

115

がうすれてきたからではないか」とか、「教団に医者をおいたため浄霊がきかなくなった」というようなことも聞かれたという［小鷲1986: 94、松本1987: 195］。例えば、西光教会岩永支部は、全国でも奇跡の多い支部として有名だったが、教団一元化がすすめられてからその奇跡がとまってしまい、そのことで岩永佳誉子支部長は信仰的に悩んでいたという［清水1973: 75］。

　1972（昭和47）年の組織の一元化（教会の吸収合併）の後、1年は暫定期間が設けられた。この間に各教会は、「理想の教会づくり」活動を行なって教会活動の総括を行なった。

　1973（昭和48）年6月20日、各県で、県本部設立委員会が発足した。総本部から任命された設立委員長を中心として、当該県で布教に従事してきた教会長、支部長ら資格者と、信徒代表が参加した[44]。1973年、35都道府県が、県本部の発会式を行なった。1975（昭和50）年5月1日、地区本部制が実施された［松本1987: 246］。地方組織は総本部－地区本部[45]－県本部－布教所となり、本部組織は二室四局制（教義室、祭儀室、総務局、宣教局、人事局、国際局）となった（図4-6）。また教会所属の信者、不動産は本部に直属となった。西山の類型［西山2013］では、曲がりなりにも「一元型」を達成したといえる。

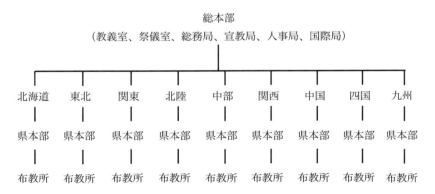

図4-6　一元化後の救世教の組織
＊聴き取りなどにより筆者作成

第４章　教団統合の模索―系統制と一元制―

　最後に、教団一元化の成果をまとめておこう。1971（昭和46）年４月の新体制発足後、９月、京都救世会館が落成、10月、箱根光明神殿が竣成した。京都救世会館内には翌年、先述した救世診療所とともに、広く社会の諸機関と連係して、自然農法や環境問題を研究することを目的とした環境科学総合研究所、新しい体制に相応しい人材の育成を目指した救世専門学院が設置され、教団一元化体制の象徴的な施設の一つとなった。同じく1972（昭和47）年５月、熱海の新救世会館が落成した。６月15日、地上天国祭において「華道山月流」を創流した[46]。また美術館建設委員会が設置され、長期計画で美術館建設が立案されたが、1982（昭和57）年にMOA美術館が完成した[47]。これらの施設（箱もの）、組織の充実は、新体制の絶大な指導力と、特に組織の一元化以後は本部に集まった豊富な資金によるところが大きかった。

小括

　以上、教団統合の模索をみてきた。教祖在世中の世界救世教は、教祖のメシヤ化（「教え」の統合）に裏付けられながら組織の統合を高めようとしたが、地区性の失敗に見られるように充分には達成されなかった。二代教主以降、宗教的イエモトが確立し、この課題はイエモト中心的教団統合という形をとって引き継がれた。しかし〈救世教〉においては相変わらず統合度の低さを完全に克服できなかった。それは分派の発生に明らかであった。そこで三代教主の時代になって、教祖以来の悲願であった教団一元化が企図され、推進されたのである。

　しかし、この段階に至っても、教団一元化の推進は一筋縄ではいかなかった。教会の分派や、不祥事の発生によって、教団幹部の多くは教会制の弊害を感じていたが、誰もその旗ふり役になりたがらなかった。外部（三好顧問）主導の教団一元化には叩き上げの教会長たちの反発が激しかった。しかしその後の混乱は、いよいよ教団一元化をせざるを得ない状況に教団を追い込んでいった。

　教団一元化の過程では本部事務局、特に総長の権限は絶大なものとなっ

た。本稿で、この段階における教団一元化をイエモト官僚中心的一元化と称する所以である。一方、教主は象徴化された。ここで一つの問題がおこってくる。イエモト官僚である総長は、ある段階までは、官僚制事務機構のトップとして、教主を支え、それと一体的であった。しかし、総長権限の肥大化と、教主の象徴化は、教団一元化の中心を総長（イエモト官僚）が担うのか（イエモト官僚中心的教団統合）、それとも教主が担うのか（イエモト中心的教団統合）という新たな問題を生じさせたのである。そして、組織の一元化の達成後は、それと絡んで内部の争いが生じた。それは本来教主権力の象徴であるはずの信仰上の一元化の進め方にも、イエモト官僚である総長の絶大な権力を無視できなくなったからでもある。

註
(1) 『宗教年鑑』は1955年（1954年版）から刊行されているが、『宗教年報』（文部省宗務課、1951年）に1949年のデータが、『宗教要覧』（文部省、1952年）に1950年のデータが、『宗教便覧』（文部省、1954年）に1951年のデータがそれぞれ掲載されている。データの質は『年鑑』とほぼ同じである。なお、『年鑑』の数値は、版の前年12月31日現在のものである。例えば2009年12月31日現在の数値は、「2010年版」として2011年刊行のものに掲載される。1948年の数値は、前出（第3章註35）の『光』号外（1949年5月30日）による。
(2) 救世教の場合1960年代にかけて、教師制度の見直しが行われた。それは1940年代後半に資格を授与された教師たちの老齢化と、当時一種の褒章のようなかたちになっていた資格制度の在り方を明確にする必要があったからといわれる［津城1990b: 175-176］。図4-1において、60年代にかけて教師数が減少しているのは、このような教師制度の見直し（整理）の影響と考えられる。
(3) さらに付け加えるならば、「信者」「教師」の定義自体、教団によって区々であるので教団間比較は教団内比較（時系列変化）より難しい。
(4) 1985年以降、2006年を除き、数値がまったく変わっていない（教師数4,211、信者数835,756）。既述のように文化庁への報告は教団の自発性に委ねられており、報告のない場合は前年のものが使用されるため、報告がなかった（あるいは同じ内容で報告した）ものと考えられる。2006年だけ数値がかわり（教師数4,346、信者数1,031,506）、翌年以降もとに戻っている理由は不明である。さらに

第 4 章　教団統合の模索―系統制と一元制―

　　　図表に反映していないが、2014年までこの数値は変化がなかったが、最新の2015
　　　年（『宗教年鑑』平成28年版）では、教師数3,880、信者数609,722となった。
(5)　　後の総長・松本康嗣は、この当時の信者数について、「教団一元化を自画自讃し
　　　て大発展したというふうに水増しの宣伝をしたため、実態との落差が大きい」と
　　　述べている［小鷲1986: 10］。また、教会の吸収合併をするにあたり、教会保有の
　　　信者数に応じて教会長に慰労金・退職金を出しており、その過程で教会長らによ
　　　って信者数が水増し計上された可能性があるという［同上 : 101］［世界救世教特
　　　別調査委員会1986a: 11］。
(6)　　詳細な数値は、それぞれ表4-1、表4-2を参照。
(7)　　天国会会長・中島一斎の妻。一斎は世界救世（メシヤ）教設立の直前に亡くな
　　　っている。暉世子は「故人の遺志を継いで」天国大教会会長となった［世界救世
　　　教教団史編纂委員会編1986: 384］。教会長職が世襲化されている事が注目される。
(8)　　巻末資料4-1参照。
(9)　　『朝日新聞』1950年5月9日、『同』同年6月20日、『同』1952年12月24日夕刊。
　　　一連の事件は教団で「法難事件」と呼ばれている。
(10)　　人事の詳細は『栄光』第67号（1950年8月30日）に掲載された。
(11)　　表4-2を見ると、1950（昭和25）年の教会は38、翌51年の教会は98と、約2.6
　　　倍になっている。
(12)　　時期尚早ということで世俗（組織）上の理由、信仰上の理由があっただろう
　　　という話や、一部教会長の反発が激しかったためという記述もある［松本1987:
　　　94］。茂吉自身はこの日、次のような歌を残している。「踏み迷い　行手もわかぬ
　　　子羊を　いと懇ろに導くぞ吾は」。当時の幹部・信者の動揺がうかがえよう。
(13)　　北海道東部、北海道西部、東北、奥羽、関東東部、関東西部、神静（神奈川、
　　　静岡）中京、信越、北陸、近畿、関西、山陰、山陽、四国、九州東部、九州西部
　　　の17地区である。『栄光』第94号（1951年3月7日）。
(14)　　第3章註5参照。
(15)　　『地上天国』150号（1962年2月1日）、53-57頁。この号は二代を偲ぶ特集号で
　　　ある。
(16)　　大本光之道の創始者・池内一次（1895～1971）は、1948（昭和23）年、座骨神
　　　経痛が〈浄霊〉で治ったことをきっかけとして、〈救世教〉に入信した。1951（昭
　　　和26）年頃、支部の信者の中から「霊がかり」するものが現れ、池内は審神者（
　　　さにわ）となった。岡田茂吉の逝去直後に、霊界の茂吉から現界を託された
　　　とされる。池内はのちに「宝観主光」と号した［梅原1980a］。
(17)　　救世主教の開祖・牧喜之助（1894～1961）は、大阪で家電器具や電線などを取
　　　り扱う卸問屋をしていたが、1936（昭和11）年、モラロジーの講習を受けて感銘

119

を受ける。1943(昭和18)年、岡田茂吉と出会い、入信し、応神教会を設立する。1954(昭和29)年、教会の一信者に神懸かりがあり、独立を促されたが、当初牧は受け入れなかった。翌年、岡田茂吉が逝去し、九州の三教会長による推挙もあって独立を決意した[現代宗教研究所編1967]。牧は茂吉の自称「自観」に倣って「主観」と号し、教団本部は熱海に対比される湯の町・別府とし、「洗霊」(世界救世教の浄霊にあたる)を重要な儀礼として位置づけるなど、〈救世教〉の影響を色濃く残している。

(18) 浄霊医術普及会の会長・野澤明一は神示を得て、分派に踏み切ったとされる。浄霊医術普及会は任意団体であるが、宗教部門として救世(メシヤ)神道光友之会を含んでいる。浄霊医術普及会については、[塚田2015]も参照。

(19) 『地上天国』150号(1962年2月1日)。

(20) 青年会には、教会長の息子など後の教団を担う若手の逸材が集まっており、その辺に川合の権力構造の基盤があったという指摘がある。いづのめ教団信者の話。

(21) これには晴明教と救世主教の分派の影響がある。特に九州の開拓布教を任されていた光宝大教会(晴明教)の分派によって、九州地方の残された信者のケアが問題になっていた。そこで当時宣教部長だった渡辺勝市の進言によって、それまで教会のなかった北海道、四国とあわせて、九州に地区本部を設定した[渡辺1985: 209-210]。

(22) 川合輝明(本名・尚行、1925〜2009)は、早稲田大学中退後、結核の治癒をきっかけに1943(昭和18)年、中島一斎のもとで入信。1949(昭和24)年、天国会直心分会(のちの大浄教会)を設立。1950(昭和25)年、教祖執事、翌年理事に就任。以後教団の要職を歴任した[世界救世教伝道史編纂委員会1995: 210-213]。盟友であった松本明重によれば、当時の川合に関して、「冷血漢」「謀略家」「人間味のない人」「川合の歩いた後は冷たい風が吹く」といった風評があったという[松本1987: 358-359]。また丸山実は、後の松本(明)による川合評として「たとえ腹心でも信じていない」という言葉を伝え、「無口な性格ながら、人の心を読む術にたけていた」という人物評を述べている[丸山1986: 47,53]。それまで何度も試みられながら実現しなかった一元化を達成し得たのは、川合のリーダーシップが大きかったが、それが一方では彼の否定的な評価につながった面もあるであろう。

(23) 三好康之は、元陸軍将校。1952(昭和27)年頃から教団と関係し、1957(昭和32)年、顧問に就任している[松本1987: 22]。彼の顧問就任の経緯は、教団の「法難事件」をきっかけとする説[丸山1986: 47]と、前顧問と教団とのトラブル処理とする説[清水1973: 69]がある。いずれにせよ、問題解決のために新たな問題の火種を持ち込むという悪循環となっている。

(24)　「昭和40年度、41年度、42年度上納金比較（地区・教会）一覧表」によると、信者一人当たりの上納金は地区と教会では3：1と大きな開きがある。この差は教会が帳簿外の巨額の収入を持っていることを示していて、それが教会長個人にながれていると思われる［三好1970: 240-241］。

(25)　救世真教の創始者・小野田松造（1909〜1971）は、日本大学中退後、鉱山技師として働いたが、1934（昭和19）年、岡田茂吉が一時期経営していた岡田鉱業所に入社した縁で、入信した。小野田は、幹部という訳ではなかったが、仕事の関係で茂吉から直接指導を受ける機会も多かったとされる。1950（昭和25）年、群馬の信徒を中心とした光映会会長に就任している。聖地「神(しん)仙(せん)郷」（群馬県箕郷町）、本部「救世(みろく)殿」、月例祭「観音祭」などに、〈救世教〉、特に初期のそれの影響を見ることができる。「善言讃詞」「天津祝詞」の奏上、「浄霊」は救世教と同じである。同教では、岡田茂吉は「教祖」、小野田は「教主」、その後を継いだ新井三知夫は「会長」と呼ばれている［梅原1980b］。

(26)　S氏の日記によると、小野田の教会長罷免の理由は「女性問題」となっている。この真偽は別として、このような女性問題は、指導者の権威化が進み、閉ざされた社会でしばしば「起る」。あるいはそのようにレッテルを貼られて非難の根拠とされる。ここにも教会制の問題が象徴的に示されている。実際S氏も、これを個人の問題であると同時に、「体制の弱点」「教団としての盲点」と述べている。『明日への道』No.7、1961年8月18日。

(27)　渡辺勝市（1904〜1991）は、岐阜県に生まれ、東京で青物商を営んでいたが、商売仲間の大沼光彦（第3章註31参照）の紹介で渋井總斎（第3章註20参照）に師事し、名古屋方面の開拓布教を行なった。のちに中京教会長となり、渡辺の指導によって20有余の教会が生まれた。管長（のちの総長）、相談役等教団の要職を歴任した［世界救世教教団史編纂委員会編1986: 266-270］。

(28)　のちに川合の側近らが中心となって出した報告書では、以下のように振り返られている「二代教主時代から、顧問として教団に入り、教団人の法律、税務、財務等に関する実務上の弱点に付け込み、漸次影響力を強め、裏面から教団の人事や財務、さらには宣教施策に至るまで支配しようとしたある人物が、時と共にその支配力を強め、もはや限界まで達した昭和四四年、時の川合輝明管長を中心に心ある人々が敢然と立ち上がった結果、その人物は教団を去った」［世界救世教特別調査委員会1986a: 9-10］。

(29)　具体的には三好康之『世界救世教の実態―医療拒否とその裏面』の出版問題があった。このレポートは教会経理の問題、教会長の背信行為と脱税問題、浄霊にまつわる医師法違反、致死事件、婦女暴行事件などを、顧問としての立場から知り得た見聞と、詳細な内部資料をもとに告発しようとしたものであった［三

好1970]。浄霊致死事件は、今日でも救世教の流れを汲む教団でおこっているが、当時たとえば、喜光教会でおこった事件は、のちに裁判に発展した［大家編1984a］。

(30) 日本民主同志会は、日本の民族的伝統を尊重し、日本精神を昂揚することを目的として掲げた団体。松本（明）はその中央執行委員長［松本1987: 12-60］。

(31) 離脱直前の1969年12月末現在の秀明教会の信者数は1万8,485人と言われている［清水1994: 211］。

(32) 神慈秀明会には「離脱の神意」あるいは「神慈秀明会の誇り」と呼ばれる重要な教義があり、「教祖明主様は神界から、至誠の人であり最高の信仰者であるみ弟子会主様（小山美秀子）を選びたもうた」（括弧内——引用者）とされている［神慈秀明会教学室・編集室編1984: 35］。

(33) 川合は松本（明）を「血盟の同志」と呼んだ［松本1975: 18］。両者の関係は個人的なものにとどまらなかった。外事対策委員会が教団に関する訴訟その他で要したとされる費用を日本民主同志会（以下、日民同と略す）が立替え、教団が返還するというかたちで数百万円の金銭のやり取りがあった。川合は日民同顧問の肩書を有し、彼の教団総長就任の祝賀会が日民同の主催で行われた。日民同主催の伝統芸能の公演「日本の宴」を教団が協賛し、5百万円分の入場券が関西地区の教会に割当てられた。日民同役員が社長をつとめる会社に、教団から3億2千万円余りの融資が行われた。1971（昭和46）年に2回にわたって行われた海外研修に、川合をはじめ教団幹部が日民同委員等の肩書で参加し、訪問先の在日外交官に対する接待費等が外事対策委員会の費用から支払われた［大家編1985a: 122-123］。以上は、教団関連裁判（隆光教会代表役員地位保全事件）で松江地裁が認定したもの。

(34) 1967（昭和42）年9月30日改正の旧教規と、1970（昭和45）年1月23日改正版を比べてみると、「教主は、教祖の霊統及び聖業を継承して、世界救世教を統一し、教務を統裁する。」（旧教規第一章第五条）が、「教主は、世界救世教の教統を伝承するものであって本教の象徴とする。」（改正版第一章第五条）となり、「教主は、教義及び祭儀を定め、並びに裁定する」（旧教規第二章第十二条）が、「教主は、教義及び祭儀を定める」（改正版第二章第九条）となった。また、人事権については、「教主は、理事のうちから管長を任免する」（旧教規第二章第十二条）が、「教主は、教規で定めるところにより総長及び理事の認証を行なう」（改正版第二章第十一条）、「教主は、規則で定めるところにより人事局長の認証を行なう」（改正版第二章第十二条）と変更されている。1972（昭和47）年11月20日の改正で、「教主は、教義、祭儀及び聖地建設の大綱を定める」（第二章第九条）となり、現在に至る（内部資料の写し、及び『宗教法人世界救世教教規』）。また、1975（昭

和50）年6月30日施行の「宗家規程」［松本1987: 256-262］によれば、「宗家」（教祖の血統者）は宗家に関することにのみ一定の権限を有するが、それについても総長の影響力が大きくなっていることがわかる。なお、1970（昭和45）年に上梓された三好康之『世界救世教の実態』［三好1970: 227］には、「教義の改廃、是正は教主のみの権限に属し管長、教会長といえども之を妨害し干渉することはできない」とある。

(35) 　新理事会は1971（昭和46）年4月30日教主の認証を受け発足した。新役員は、総長・川合輝明、外事対策委員長・松本明重、常任理事・早川政知、同・山口峰仙、同・松本康嗣、同・勝野政久、同・中野恵蔵、同・石原幸雄、同・中村力、理事・小川誉次郎、同・西垣寿太郎、同・沢田秀雄、同・石坂隆明、同・山本慶一、同・荒康直仁、同・佐藤斗司夫、同・中島誠八郎、同・嵐康一郎、相談役・大沼光彦、同・渡辺勝市、参与・百海聖一、同・石原虎好、同・森山実太郎、同・小泉守之助、同・岩松栄、同・鬼頭明、同・安藤直広、同・鈴木政雄。『栄光』第896号（1971年5月11日）。新人事と一連の改革は「中興の維新」と呼ばれた［松本1987: 62-81］。

(36) 　『地上天国』274号（1972年7月1日）。

(37) 　『栄光』1972年1月1日号、同1月21日号、『地上天国』269号（1972年2月1日）pp.18-40。

(38) 　他教団において、教区そのものが独立した法人格をもった例があり、それは救世教の目指す改革とは根本的に異なるものの、混同されやすいこと、また「一元化」の方が「宗教的なイメージが強い」ことが理由とされる。『栄光』第923号（1972年2月11日）。

(39) 　一元化の実施にあたっては、何よりも法手続き（教会の吸収合併、教会制度の廃止）を先行させ、その後新しい組織の在り方を協議していくという方針であった。『栄光』第928号（1972年4月1日）。

(40) 　『栄光』第953号（1972年12月11日）。

(41) 　信者数は約6,000人と言われる［松本1987: 124］。また、神成教会の分派にあたっては、新日本(にっぽん)宗教団体連合会（略称；新宗連）の存在もあった。新宗連は戦後1951年に結成された新宗教の連合会で、〈救世教〉はその設立メンバーでもあった。教団と新宗連の窓口となったのが東京都世田谷区にあった神成教会であったが、新宗連では加盟教団の有力メンバーを集めた勉強会を開催しており、結果として、教団本部と神成教会の不信感を醸成した可能性がある。新宗連と神成教会の関係については、当時の新宗連事務局の清水雅人氏から聞き取りを行った（2017年5月17日）。

(42) 　『栄光』号外（1972年8月15日）。『栄光』号外（1972年9月21日）。

(43) その他、「公開質問状」においては、一元化が「有無をいわさぬ」強引なやり方でなされようとしていることを批判し、教会財産の処分、教会長の処遇の具体的な進め方を問うている。また、松本（明）、日本民主同志会への批判もある。一方教団執行部は、これを教会長らの「自己保身」からでた行為であるとして批判している。『栄光』第929号（1972年4月11日）。『栄光』第930号（1972年4月21日）。
(44) 九州、四国、北海道の三地区と、すでに県単位の体制が確立されていた諸県を除く一都二府二十五県で一斉に行われた。『地上天国』287号（1973年8月1日）。
(45) 北海道、東北、関東、北陸、中部、関西、中国、四国、九州の9地区である。
(46) 教団内部には「何もこんな非常の時に、創流しなくてもいいではないか」という意見もあったという［松本1987: 169］。一方で清水雅人氏（註41参照）は、華道山月が、タイ国への布教にあたって、同国王室に認められるきっかけとなったことに触れ、「成功した」と語っている。
(47) 熱海の美術館建設は教祖の念願であったが、美術館建設が立案された時、「そんなものに金を使うならまず各地に布教所を建設して信徒を多数獲得してのちに美術館建設にとりくむべきだ」という意見が多数を占めたという［小鷲1986: 94］。

第5章
イエモト推戴的連合教団の形成

　本章では、イエモト官僚中心的教団統合から、イエモト推戴的連合教団として教団統合を進める体制に、如何にして変化したかを明らかにする。まず第1節では、教団一元化が破綻して、教団が分裂する過程を扱う (5-1)。これはのちの連合化の契機となった。次に第2節で、3派の和解（＝連合化）が成立し、イエモト推戴的連合教団が成立した過程を明らかにする。イエモトとイエモト官僚の関係がこの節の焦点となる。

5-1　教団一元化の破綻（1980～1997）

（1）発端──事件

　教団一元化を牽引してきた川合──松本（明）体制は、1980（昭和55）年1月、松本が外事対策委員長を辞任して教団を離れ、2年後川合が総長を辞任することで幕を閉じた[1]。続いて総長に就任したのは中村力[2]だった。しかし中村は、「6億円株式投資疑惑」[3]によって、2年後、責任役員会で解任される。6億円株式投資疑惑が表面化した1983（昭和58）年12月、中部地方のグループが「教団護持正常化委員会」（～1984年9月、以下「正常化委員会」と記す）を立ち上げ、教団一元化に綻びが出だした。1984（昭和59）年2月には教主の尽力もあり、一旦和解が成立した。このように相次ぐ不祥事に対して、執行部は総長を替え、役員を組み換えながらも、決定的な対立を避け、大同和平をしようとした。

　しかし、一般信者の中から執行部の姿勢に不満を抱き、下級専従者を巻込

んで教団改革運動を展開するものが出てきた。それが執行部の一部と結びついて大きなうねりとなっていく。1984（昭和59）年5月には、有志信徒の団体である「水晶世界建設を推進する会」が発足した。この会は、「教主教権」（教主中心の信仰）の回復をめざし、それを実現するため教団規則、規約の改正を目指していた。また宗教ジャーナリスト・梅原正紀を招いて各種勉強会を行なったり、対談集を出版している[4]。正常化委員会、水晶世界建設を推進する会と、後述の新生派は、合わせて「改革派」を自称し、それに対して再建派（後述）を「体制派」と呼ぶ場合がある。「改革派」は、「教主教権」が教団一元化の過程で失われたと考えており、その回復を運動のポイントに挙げているが、再建派にはそもそもこの言葉（「教主教権」）はない。両派の違いを象徴している。

　なぜ突如、このような信者の改革運動が盛り上がっていったのだろうか。もちろん、相次ぐ不祥事による教団幹部や執行部に対する不信感が大きなきっかけとなってはいるが、そればかりが原因ではない。次にこの構造的要因をみていこう。

(2) 組織——タテ線と組織規模

　「改革派」信者の座談会において、信者から語られた言葉を検討していくと、専従者（特に布教所長）が連絡などの事務で手一杯になっており、信者の世話や教義の勉強がおろそかになっていることへの不満、専従者と信者の間における温かい情愛関係の喪失に対する不満などが挙げられる［小鷲1986: 55-89］。

　教団一元化以降の事務手続きは煩雑化した。一連の組織改革における変更手続きなどに加えて、教団一元化以降活発になってきた社会的活動などが、末端専従者の負担となっていた。新生派幹部は以下のように述べている。

　　男子信徒は選挙運動のための政治活動の分野にながれ、若手活動婦人
　　は諸活動、特に商事（教団関連のMOA商事のこと；引用者注）の商品
　　販売活動や華道のいけこみ奉仕やチャリティーのにない手とされ、信徒

の世話を担当するものは高齢化した。

［小鷲1986: 104］

また、タテ線については、ある職員は次のように語っている。

　それ（タテ線；引用者注）がある時期をもって事実上禁止されたと思う。つまり信仰の流れというか、自分は導きの親のもとで信仰の手ほどきを受けて布教を始め、自分が導いた信徒の悩みは導き親の自分が当たってというように、数珠つなぎのようになったいわゆる導き親の線がすべて旧教会体制に戻ろうとする悪体質であると定義されて以来、信仰上のやりとりはタブーとなったと思います。その後の布教活動は、いわゆる命令指示という形で行なわれるようになり、話しあいの内容は精神的な話や信仰治療上の話はうす暗いところでひそかに交わされ、明るいところではもっぱら無難な方法論が話されるようになって、みんな寂しい思いで暮らしてきたということでしょう。

［世界救世教新生教団推進本部事務局編1987: 30］

教団の規模的問題では、地区ブロック制の組織構造に無理を生じていた面があった。新生派幹部は次のように語っている。

　諸活動の可能な布教所は、限られた大規模布教所であるところから、次々と布教所の統合がすすめられ、それに比例して僻地の信徒や小布教所は経済効率が悪いという理由で見放される傾向も出てきた。

［小鷲1986: 105］

以上は、西山茂が指摘している教団一元化の阻害要因（タテ線組織の制度化、組織規模）の問題として理解出来る［西山1990a: 60-61］（序章註31参照）。

(3) イエモトとイエモト官僚

また本研究の観点から重要なのは、「改革派」の主張した「教主教権」である。先述の通り「改革派」では、教団一元化の過程で教主中心の信仰が蔑ろにされたと理解された。イエモト官僚中心の教団統合への反発である。新生派総長・松本康嗣は1986（昭和61）年5月の月次祭挨拶で以下のように語っている。

　　真の一元化は、教主様中心になることであることが分かりました。教主様を象徴にしていた時代の一元化は、真の一元化ではなかったのでございます。
　　　　　　　　　　　　　　　　［世界救世教編集委員会編1988: 14］

　ここでは、川合総長時代の教団一元化が、「イエモト中心的教団統合」ではなく、「イエモト官僚中心的教団統合」であったと捉えられ、批判されている。イエモトとイエモト官僚という2つの求心原理とその関係が以後の組織化のテーマとなっていく[5]。

　1984（昭和59）年7月、教主を総裁に仰いで「新生協議会」が発足し、教団の「新生」を目指した取り組みが始まった。しかし、責任役員会が中村を解任すると、中村派は「教団護持委員会」を立ち上げ[6]、分裂のきざしがおこった。
　中村の後、総長に就任したのは松本康嗣[7]だった。松本（康）は、1985（昭和60）年に「教主中心の神業体制の確立」を目指して、総長の権限縮小と教主の権限強化（イエモト中心的教団統合）を狙った教団規則の改正を目指したが、実現しなかった。中村派と、特に川合派が反対したためと言われている［丸山1986: 100-102］。したがって、少なくともこの時点では、教主親政派（松本（康）派、のちの新生派）と教主機関説派（川合派、のちの再建派）の対立を看取出来る。また、1986（昭和61）年、世間を騒がせたダ・ヴィンチの絵画問題[8]への対処をめぐって執行部が対立し、川合派は「再建運動本部」（再建派）を設置、これに対して松本（康）派は、「新生教団推進本部」（新生派）を

旗揚げした。こうして新生協議会は完全に崩壊した。再建派と新生派はそれぞれ、教団総本部事務所、救世会館（いずれも熱海）に拠った。教主は「完全中立」を宣言して熱海の総本部から離れた。以後、1989（平成元）年まで、教主は教団の祭典にすら出席できなかった。熱海の本部事務局の対立と時を同じくして、全国各地で再建派と新生派の対立があった。

　新生協議会の分裂直後には既に連合化の萌芽がみられた。新生派総長の松本は1986年8月の世界平和祈願祭の挨拶で以下のように信者に語りかけた。

　　再建も新生も護持もお互いの自主性を認めて共存し、布教で競争することになれば、教主様は明日にでもお出ましいただける教団になるのではないでしょうか。
　　明主様と教主様と聖地と教え、それは共有であります。全信徒と全人類のためのものでなければなりません。それは、聖なる共有点としていただき、後はお互いが働きと個性を発揮して、共存共栄の平和の原則を打ち立てるようにしては如何でしょうか。
　　　　　　　　　　　　　　　　　　［世界救世教編集委員会編1988: 59］

(4) 派閥――教会制の残滓

　人間関係から考察を加えると、新生派は旧五六七会（代表＝渋井總斎）系が多いと言われている[9]。他方、再建派は旧天国会（代表＝中島一斎）系が多いと言われる。例えばいづのめ教団（旧新生派）の理事長を務めた（包括法人の管長も務めた）渡辺哲男（〜2013）の父である渡辺勝市（元教団総長、元中京教会長）は、渋井總斎の弟子で、五六七会系において重鎮的存在であった［渡辺1985］。いづのめ教団の相談役を務めた岩松栄も、五六七会の流れを汲んでいる［岩松1985］。一方、再建派のリーダー川合輝明は、中島一斎の後継者であり、再建派の総長を務めた中野隆昭[10]は、天国会系の大浄教会（教会長・川合輝明）出身である。再建派の相談役であった西垣寿太郎も天国会系である［世界救世教教団史編纂委員会編1986: 375-377］。
　教団一元化以前の〈救世教〉が、天国会、五六七会、大成会（のちに分派）

の三大派閥に分かれていたことは既に述べたが、教団一元化の推進時においても、各派閥には微妙な温度差があった。宗教専門紙『中外日報』は、一連の報道で再建派寄りの姿勢を示していたが、以下のように述べている。

　ともあれ、教団一元化運動は推進されたが、中心は三大派閥の天国会に属する川合氏とそれを助ける松本明重氏、後に加わった大成会のリーダーである大沼光彦氏の三者で、五六七教会系の領袖である渡辺勝市氏は加わっていない。そればかりでなく、当時、渡辺勝市氏の傘下にある五六七教会系の中には、一元化に反対する署名運動に加わった人も少なくないと云々されるほどで、渡辺勝市氏が腹の中で一元化に反対だったとしても不思議ではない。
　　　　　　　　　　　　　　　　　　　　『中外日報』1986年9月5日

渡辺が教団一元化に反対であったかどうかはおいておいても、五六七会系から分派が多数出たことは事実で（図4-5参照）、天国会主導の教団一元化を、渡辺はじめ、旧五六七会系が面白く思わなかったということはあるかもしれない。
　新生派の匿名座談会では、以下のように述べられている。

　教団の中には五六七会と天国会という二つの大きな流れがあり、川合はその一つの天国会に所属していたわけです。川合は川合正統派論というものを意識的に強く持っておりました。天国会の中でも、川合の流れが、正統な会長の流れを汲み、あとは傍系であるという意識が強いのです。ましてや一種のライバル関係にある五六七会を当時（昭和40年代；引用者注）は問題にしていない。天国会の人も他の人も暗黙のうちにそれを認めていたわけです。川合の考え方の根幹にあるのは、教団の中核に立つのは天国会総帥の中島一斎先生であるということだった。——中略——大浄（天国会系の中心教会）にあらざれば、教団の信徒ではないというような考え方があって、その中で最も仕込まれたのが、中野（隆

昭、再建派の総長；引用者補足）とか松本さん（康嗣；引用者補足）とか川合精二（のちの再建派管長；引用者注）でしょう。

[小鷲1986: 108-109]

　ただし、教団一元化以後の状況は、多少入り組んでおり、明確に分かれるというわけではない。上掲引用文のように、新生派のリーダーであった松本（康）も元は川合の弟子であった。この点について再建派の出している報告書には以下のように述べられている。

　　今日の混乱（教団分裂；引用者注）の萌芽は、この教団一元化の営みに対して、最後までその真意を理解できなかった人々が存在したところにあったと言える。それ以前に、教祖の下に「天国会」「五六七会」という二大グループがあったことから、ここに最深の原因があると見る人々もある。しかし、昭和二五年に教祖が日本観音教団（天国会）と日本五六七教（五六七会）を発展的に解散し、新たに一本化して世界救世（メシヤ）教を設立したことで、両会の対立関係は過去のものとなった。さらには、その後今日に至る教団の運営の中で、両会の出身者は自然に融合していった。
　　今日の対立の構図は、旧正常化委員会と中村力らの教団護持委員会とが分派的行動に出ており、その他の体制を担う人々が教団の多数を占めているが、その中心人物が、旧正常化委員会は旧五六七会系の人々がリーダーシップをとっており、体制を担っている人々の中枢に旧天国会系の人が多いというような意味では、あたかも両会の対立が現在に引き継がれているかのごとき誤解が生まれやすい現実がある。しかし、次のような理由で、それは根拠のないものである。
　・長期にわたる川合輝明（天国会出身）中心の執行部においても、旧五六七会系の人々が、数多く枢要に登用されてきた（第三号証）。
　・現在の教団体制を担う人々の出身は、両会のいずれにも偏っていな

い。
・旧正常化委員会、あるいは護持委員会に属する態度を表明している人々の出身も、両会が混合されている。(傍点；引用者)

　　　　　　　　　　　　［世界救世教特別調査委員会1986a: 11-12］

　このように系統（教会制）の問題については、やや異なる見解がみられる。したがって教団分裂を単純に大教会制の延長上に捉えることはできない。とはいえ、このような語られ方が事実あったこと、後にみるような教会時代の人間関係の結びつきの強さを考えると、分裂の一要因として指摘することはできよう。
　それは一種の「派閥」のような容態を為していた。新生派の匿名座談会において、ある信者が、「向こう（再建派；引用者注）は派閥色が濃厚ですよ」［小鷲1986: 112］と発言したのに対して、別の信者は次のように述べている。

　『中外日報』や『栄光』紙などによると新生派には松本（康嗣；引用者補足）派、渡辺派、信保派（修平、元秀明教会信者、いづのめ教団責任役員）という派閥があると報じていますね。——中略—— 教団状況が混乱し、何をしたらいいのかわからなくなると、分析能力のない地方幹部は担当部局の意見を聞くことよりも、当人が派閥の長と勝手に思っている人物の意見を聞くことを優先させていたりしていますね。(傍点；引用者)　　　　　　　　　　　　　　　　　　［小鷲1986: 113］

　渋井、中島ともに教祖の高弟で、教団の草創期に活躍したが、どちらかというと渋井は布教力（浄霊力）に優れ［世界救世教伝道史編纂委員会1995］、中島は教団運営に才があった［丸山1986: 50、麻生1961］。川合が組織運営に長けていたことや、今日、東方之光（旧再建派）が宗教性を薄めつつ（今日「岡田式浄化療法」の名称を普及させつつある）、より社会と協調していこうとするのに対して、いづのめ教団（新生派）のなかに一貫して浄霊（ただし今日では祈りの浄霊に傾きつつある）を重視していこうとする面があることなどを考え

たとき、渋井と中島の対比は興味深く思われる。さらに付け加えると、これまで組織の中央集権化の流れに反発して袂を分かっていった多くの分派教団が、五六七会系から出ていることも注目に値する（図4-5参照）。

　1988（昭和63）年になると事態は新たな局面をむかえる。8月、松本（康）総長の任期満了にともない、新生派執行部は松本（康）の再任を主張したが、教主は教団が分裂していることを理由に「認証」[11]を与えなかった。ところがこの頃から、教主は再建派よりの姿勢を明確にし、翌1989（平成元）年3月には、再建派において推挙された吉岡新総長（教主の義兄）に即日認証を与えている。このようにして再建派は、教主、宗家を取り込み、信仰上（超俗組織上）の正当性を確立していく。1992（平成3）年2月の再建派の立春祭で、教主は、岡田茂吉の孫・岡田陽一（三代教主の甥）を教主代行に指名したことを発表した[12]。一方、同年12月、松本（康）の「総長代務」就任が法務局に受理されたことで、松本（康）と新生派理事会の法的な（世俗組織上の）正当性が認められた。これに対して教主は、翌年9月には松本（康）総長代務[13]を「破門」した。ただし、教主は教団運営に関する権限を有しないため、松本（康）の法的な正当性にかわりはなかった。世俗組織と超俗組織は、ねじれ現象を呈した。イエモト官僚とイエモトは完全に分裂してしまった。

（5）教義——療術系新宗教における形而上学の位置

　再建派と新生派の神観（浄霊の救済力の経路）の解釈を比較してみると、新生派では、二代の「神的順序」を強調し、霊線（霊的つながり）は霊界の茂吉から、現界の教主を介して流れ来るという。一方再建派は、それをあまり強調しない。教祖直結を主張する。そこで新生派においては、教主は一種の信仰の対象にもなる[14]が、再建派ではあくまで象徴である[15]。これを表す象徴的な事件が1971（昭和46）年3月下旬に起きている。教主が当時の教団理事全員（川合—松本（明）体制）に対して辞表提出を求めた際、松本（明）が公開質問状という形で教主を批判し、4月10日に教主は「全国教会長会議」でお詫びさせられるということがあった（第4章第3節参照）。このよう

なこともあり、ある時期まで教主は新生派に近いと見られていた。

しかし皮肉なことに1989（平成元）年、教主は再建派において職務を再開させ、先述の通り９月10日には教主より、「松本（康）総長は救世教の一切の役職と関係ない」とする「宣明書」が出された（「破門」）[16]。これに対し松本（康）総長は、新生派信者に向かって「総長の地位、立場が「宣明書」によって左右されるものではない。私は明主様の御心につながり教義を正しく捧持して、教団規則を守り、純粋な救世信仰と真の教主中心の神業体制の確立を目指し教団新生の運動に立ち上がられた信徒各位の祈りとともに全うしぬく決意をここにあらためて表明いたします」（傍点；引用者）と発表した[17]。このように、教義解釈は状況適合的におこなわれている。

以上のように複雑な様相を呈しているのは、一つには、教義（特に教祖・教主観）の体系化が充分に行なわれてこなかったからである。〈救世教〉の教義は、茂吉が折々に説いた「論文」と呼ばれる文章の寄せ集めからなる。そこで教義のどの部分を引くかによって大きく異なる見解を導くことができる。これは教義信条よりも浄霊という秘儀的な実践（療術）に特化した教団の特徴である。また「秘儀」の実践に重点があれば、「秘儀」をどのように受けられるかどうかが準拠集団への帰属の重要な判断基準になる。ある新生派信者は以下のように語っている。

　　十年前（昭和40年代；引用者注）に本教から離れていった人は聖地も明主様もほとんど眼中になかった。あの人たちは自分に誰が浄霊をしてくれるか、あの先生は私に浄霊をしてくれた、その先生がいてくれればいいという考え方の信徒が多いということです。これには驚きました。今度（教団分裂；引用者注）もその傾向が若干あります。あの先生は私に浄霊してくれたからあの先生についていけばいいといって再建の方にいった人がある。教義の面などは問題ではなく、浄霊をしてくれるか、お世話をしてくれるかが基準ですね。（傍点；引用者）

　　　　　　　　　　　　　　　　　　　　　　［小鷲編1986；123］

3派分裂の直接の契機になったのは、事件が絡んだ権力闘争である。それは組織の合理化を推し進めた結果生じた総長権力の増大（イエモト官僚中心的教団統合）が絡んでいる。また意図的であったかどうかは別にして、教主の象徴化（世俗上の無力化）によって、それを調停できるようなシステムが存在しなかったことも紛争を長引かせ、対立を深刻なものとした。

　ただし、それだけではなかった。タテ線からヨコ線への急激な切り替えによる「おやこ」の温かい情愛関係の喪失、過重な社会活動の負担に伴う信仰活動の空洞化、教勢の停滞による管理制度の弊害の顕在化などによって信者の下からの改革運動がおきた。

　世界救世教の内部紛争は、スキャンダルをきっかけとして、教団一元化への不満が一気に吹き出したものといえる。またその際に、教会制時代から連綿と受け継がれた派閥意識が一役を担っており、先述の人間関係に基づいたタテ線の反作用といえる。

5-2　再統合の模索（1997〜）

　3派分裂の最終局面において、新生派は教主を戴けないことで儀式の運営などに支障をきたし、再建派は教団名義の財産が凍結されたことで財政上苦しい立場におかれた。宗教組織は超俗の面と世俗の面が、相互依存的に支えあわなければ正常に機能することが出来ない。また、イエモト官僚は結局イエモトなくしては成り立たないのであり、象徴化されたイエモトも官僚制事務機構に支えられることによってしか存立しえない。ここに両派とも行き詰まったのであった。

　教主の意味に関しては、三代教主は、以下のように語ったとされる。

>　人間教主が大事ではないのですね。教主の座が大切なのです。救世教が明主様の御教えを守り、聖地を安泰にし、この教団の御神業の営み、ご経綸をゆがみなく進めていくために中心が必要なのでございます。そ

れが教主の座であります。全ての御神業の活動を統一するところの座、それが教主の座であり、それを中心にして運営が行なわれていくというところで、四代、五代、六代までもゆるぎのない御神業というものの継続があるわけでございます。

［世界救世教編集委員会編1988: 135］

　また急激な組織改革の弊害や、信者の不満、療術系宗教の教えにおける求心的形而上学の弱さが、組織構造の転換をもたらした。

　1997（平成9）年の和解合意に基づき、2000（平成12）年、包括法人「世界救世教」のもとに被包括法人「世界救世教いづのめ教団」（旧新生派）、「東方之光」（旧再建派）、「世界救世教主之光教団」（旧護持派）[18]が位置づけられた。この時の合意内容の一部は、包括法人が出しているパンフレット『大経綸』第3号（2002年2月4日）に転載されている。それによれば、紛争の原因は、「明主様のご神格を明らかにし、その明主様が進められる世界経綸に帰一する、即ち真の一元化のための経綸上の浄化」と受け止められている（「当事者合意書」一条二）［共同プロジェクト推進本部　広報プロジェクト編2002］。以後、当面はそれぞれの独自性をもった活動を行いながら、10年後に一つの教団（包括法人）になることを目指した取り組みが進められた[19]。

　包括法人には教主室がおかれ、理事（責任役員）はいづのめ教団、東方之光、主之光教団からそれぞれ3名、3名、1名の計7名が出され、その互選によって管長（代表役員）を定め、それぞれ教主の認証を受けて就任する［「宗教法人世界救世教教規」第二十五条］。2012年現在の管長は、いづのめ教団理事長の渡辺哲男である。その他、包括法人では共同プロジェクト推進本部が設置され、様々なプロジェクトの実施、推進を図っている[20]。

　祭典や具体的な活動はこれまでの在り方が踏襲されており、いづのめ教団は熱海・救世会館、東方之光は箱根・光明神殿で開催される。主之光教団は拝殿施設を持たないため、救世会館や光明神殿を借りて行なう。教主は、被包括法人相互の調整によって、それぞれの祭典に出座することができる。

　個々の被包括法人の組織を見てみると、東方之光（理事長・川合範典）の本

第5章　イエモト推戴的連合教団の形成

部組織は、法人業務推進委員会（人事課、総務課、財務課）、外事委員会、本山委員会、秘書室からなる。地方組織は、本部会議の下、10地区[21]からなり、その下に77のエリアがある。東方之光では宗教法人の他に、一般社団法人MOAインターナショナルを設立し、様々な活動を行なっている。そこでは〈救世教〉の「救いの三本柱」とも言われる浄霊、自然農法・自然食、芸術が「岡田式健康法」とされている。浄霊は「岡田式浄化療法」と名を変え、宗教色を薄めた形で、茂吉の思想普及に取り組んでいる[22]。

いづのめ教団（理事長・渡辺哲男）の本部組織は、理事長室、秘書室、法務課、総務部、祭典部、教学部、教務部、国際部、出版部からなる。地方組織は、東日本教区（北海道、東北、関東）、本部教区（静岡、神奈川）、中部教区（北陸、中部）、西日本教区（関西、中国、四国、九州）のもと、各地域に浄霊センター（415箇所）がある。いづのめ教団では、浄霊中心の活動に取り組んでいるが、かつてのような病気治しの浄霊ではなく、「想念の浄霊」を打ち出しており、祈りの大切さを強調している。

主之光教団の地方組織は、全国を10の布教区[23]に分け、その基に75の布教所からなる。各布教所は、100人から1,000人の信者が所属する。近年、主之光教団では、教主中心を強調しており、四代教主の言葉をまとめて冊子にし、その学びを深めている。また単純な病気治しからの脱皮も目指している。

このように、3被包括法人は、ともに一元型の内部組織をもっていることがわかる。このことは、3法人が教団一元化を経た痕跡を示している。それが、分派していった教会（教団）との大きな違いである。

図5-1は和解後の救世教の組織である。個々の被包括法人の内部組織を見ると、教団一元化を引き継ぎ、地区ブロック制の中央集権的組織となっているが、各被包括法人同士の関係をみると、むしろ大教会制時代の組織にも似ている。実際、同一地区内に3派のそれぞれが教線を伸ばしており、各々の被包括法人間のヨコのつながりはほとんどなく、独立採算で、信者、施設を個々に運営、管理している。連合型の組織型を示しているが、おやこ型となかま――官僚制連結型の中間的形態とも言えるかもしれない。

2009（平成21）年1月1日、和解合意の「平成二十二年の被包括法人の返上

137

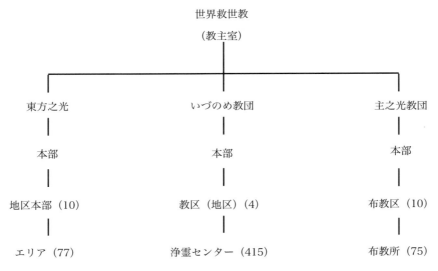

図5-1　和解後の救世教の組織
＊資料：聴き取りなど

の時期にこだわらない」ことが発表された［共同プロジェクト推進本部広報プロジェクト編2009］。翌2010年6月9日、包括法人責任役員会及び共同プロジェクト推進本部会合において、「包括及び被包括法人を一つの法人格にしないことを確認した上で、包括・被包括体制を堅持しつつ、明主様帰一の教団づくりに向かう」ことを議決した［共同プロジェクト推進本部広報プロジェクト編2010］。共同プロジェクト推進本部も解散された。このようにして、3派合同は見送られた。

　最後に、現在の3派の概況を見ておこう。東方之光教団では、岡田茂吉は「明主之御神」（1989～）[24]、よ志は「幽世大神」（救世教において一般の先祖霊の集合名詞）という位置づけとなった。ご神体は、茂吉揮毫の「大光明」と茂吉の「御尊影」[25]の二位一体となっている。ここから茂吉＝メシヤ信仰の強調を読み取ることが出来よう。組織的には、一般社団法人MOAインターナショナルとの両輪での活動が特徴である。世界救世教いづのめ教団では、茂吉は「おしえみおやぬしの神」、よ志は「天津真玉善美之命」の御神

第5章　イエモト推戴的連合教団の形成

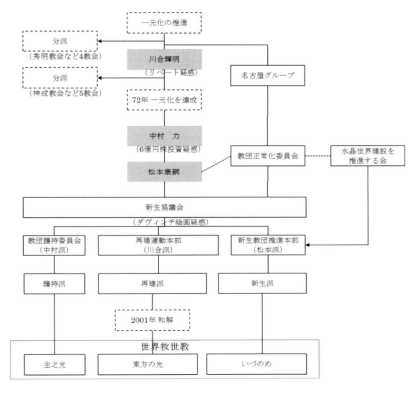

図5-2　一元化以後の流れ

名となっている。ご神体は、二代揮毫の「大光明真神
（みろくおおみかみ）
」で、二代、一元化体制時のものをそれぞれ引き継いでいる。EM（有用微生物群）を用いた自然農法の展開や環境浄化、ブラジル、タイなどの世界布教、『岡田茂吉全集』の刊行など教義の整備・公開に特徴がある。近年は「想念の実践」など、祈りの浄霊を中心とした活動を活発に行っている(26)。世界救世教主之光教団では、茂吉は「おしえみおやぬしの神」、よ志は「天津真玉善美之命
（あまつまたまよしみのみこと）
」(27)となる。以上は、いづのめ教団と同じだが、ご神体は茂吉揮毫の「五六七大神
（みろくおおみかみ）
」に改めた。

　宗教的イエモトとしての岡田宗家を3派が共に推戴しながら、連合して教

139

団運営を行うイエモト推戴的連合教団がここに完成したのである。

　本章で述べてきた流れをチャート化すれば、図5-2のようになる。

小括

　以上、イエモト推戴的連合教団の成立過程を明らかにした。教団一元化の破綻の直接のきっかけは、スキャンダルの絡んだ権力闘争であったが、その背後には教会制の延長にあった派閥の問題、タテ線からヨコ線への切り替えに伴う温かい情愛関係の喪失、イエモト官僚中心的教団統合への反発などがあった。
　さらに、それらの背景には、教祖カリスマの継承の難しさ、対面の浄霊を重視するため教会内の人間関係が濃密となること、教義の体系化が軽視されたため教団の統合度が高まらなかったことなど、療術系宗教の特徴があった。
　しかしそれでも3派が和解に到ったのは、一元化の過程で高まったイエモトとイエモト官僚の権威・権力を一定程度認めなければならない。特にイエモトを推戴しなければ、自らの権威を主張出来ないイエモト官僚の側の論理が連合化の重要な契機となった。
　世界救世教を構成する3つの被包括法人は、必ずしも連合型の教団組織を理想とはしていなかった。世界救世教の教団一元化を究極的には目指していたのである。それは、各被包括法人の内部組織が一元型をとっていること、また和解後の被包括法人の放棄を目指した取り組みがあったことに示されていた。しかし、現実には、教団一元化を目指す彼らの思惑は食い違っており、それを達成することは出来なかったのである。
　宗教組織は、聖俗の二面をもつが、イエモトは前者を、イエモト官僚は後者を代表する。イエモト官僚中心の教団一元化は、世俗面における教団改革を主導したが、宗教的側面が置き去りにされ、信者の不満が蓄積した。それ

が本章で述べた組織変化の要因となった。とはいえ、〈救世教〉のようにイエモトを推戴するのは、日本宗教に一般的に見られる現象である。〈救世教〉の事例が、そのような日本社会の文化的被拘束性に棹さすものであることも指摘しておかなければならないであろう。

註
(1) 松本の辞任は、金銭を巡るトラブル、「教団の私物化」問題、川合の辞任は松本の金銭疑惑の引責、自身の「リベート取得問題」などが理由と言われている。
(2) 中村力は教会長の息子。松本（明）は中村を評して、頭脳明晰で洞察力の長けた人物であるが、狡猾とみなされる点も否めなかったと述べている［松本1987: 355-356］。
(3) 1980年、教団常任理事で当時教団の運営する（株）メシアニカゼネラル社長であった中村力が、教団から6億円を引き出し、誠備グループを通じて株式投機を行ない、焦げつかせたとされる問題。
(4) この本の「企画・発売」は水晶世界建設を推進する会となっている。同書は梅原と新生派の教学者・福岡甲兒の対談をまとめたものである。福岡は、新生派の重鎮である渡辺勝市（第4章註27参照）の娘婿で、教団改革運動の精神的支柱となった人物である［梅原・福岡1985］。
(5) このようなイエモトとイエモト官僚の対立は、既成教団にもみられる。浄土真宗大谷派（東本願寺派）では、法主(ほっす)（東本願寺住職）・大谷家（イエモト）と宗務総長・内局（イエモト官僚）の対立が深刻化し、30年の長きに渉り、混乱が続いた。混乱の基は、法主が管長（代表役員）を兼ねていたことにより、教団財産の私物化が行われたためである。なお、浄土真宗本願寺派（西本願寺派）では、門主(もんす)（西本願寺住職）・大谷家（イエモト）と、代表役員・総長（イエモト官僚）の一体的関係が存続している。これは門主が総長（候補）指名権と、宗義判定権（教義・信仰の正否を判定できる）を保持しており、総長があたかも門主の「家老」「番頭」にとどまっているからである［田原2004］。
(6) 中村派は中村の総長解任を無効であるとして法廷で争ったが、訴えは棄却された。護持派は一貫して少数勢力であったので以下の記述は、主に再建派と新生派に焦点をあてる。
(7) 松本明重は松本康嗣について、「掛け値なしの真面目で正直な人物」であるが、「人を許す」ということのできない厳しさを持っていたと評している［松本1987:

354-355］。松本（康）は警察官の出身で、導きの系統としては川合の弟子にあたる。

(8) 　中村力元総長が画商・月光荘株式会社との間に、レオナルド・ダ・ヴィンチの絵画（「『岩窟の聖母』の聖母の顔ための習作」）の購入の口約束をし、1億2千万円相当の土地建物をリベートとして受け取っていたとされる問題。教団は月光荘から「約束通り」の購入をせまられ、計19億円を支払った。しかし再建派は、そもそも売買契約が成立しておらず、松本総長らの背信行為として糾弾している［世界救世教特別調査委員会1986b］。当時、一般の週刊誌などでも盛んに報道された。

(9) 　渋井總斎については、一時期教団内で省みられなかった時期があったようだが、1995（平成7）年にいづのめ教団から、『渋井總斎伝』［世界救世教伝道史編纂委員会編1995］が刊行された。

(10) 　ただし中野はのちに川合と袂を分かった。

(11) 　教規には「管長は、理事の互選により定め、教主の認証を受け、就任する」（第二十四条）とある［宗教法人世界救世教教規］。

(12) 　岡田陽一は、1948（昭和23）年、岡田茂吉の長男・岡田三穂麿の長男として生まれた。慶応義塾大学大学院を卒業後、1973（昭和48）年、教団総本部勤務、1975年、教主継嗣に推挙された。『栄光』第1643号（1992年2月11日）。

(13) 　現在の『宗教法人世界救世教規則』によると、代表役員代務者は、「代表役員又は責任役員が、死亡、解任、辞任、任期満了その他の事由によって欠けた場合において、速やかにその後任者を選ぶことができないとき」におかれる。この場合は、分裂によって松本（康）前総長の任期満了にともなう後任者の選任手続きが正常に遂行できなかったためである。松本（康）の総長代務登記が法務局に受理されたということは、松本派の法的な正当性が認められたということになるが、この判決には批判的な意見もある［岩崎1994］。

(14) 　二代教主の言葉は、いづのめ教団では『たまのいずみ』［世界救世教いづのめ教団編1990a,b、世界救世教いづのめ教団教典編纂委員会編1990a,b、世界救世教教典編纂委員会編1990］としてまとめられた。

(15) 　ただし、今日では、いづのめ教団執行部と教主の対抗関係がみられる。たとえば、平成29（2017）2月4日のいづのめ教団立春祭において、教主は、いづのめ教団執行部から、祭典後の信徒との握手が禁止されるなど、信頼関係が著しく損なわれていると異例の発言をした。いづのめ教団機関紙『新生』7月（No.422）号参照。

(16) 　この際の新生派信者の驚きと落胆は大きかった（いづのめ教団信者からの聴き取りより）。

(17) 　いづのめ教団内部資料。

(18)　「主之光」の「主（ス）」は、図としては○の中に ˋ で表される。これは人間の中に魂が入った状態、また文明が精神性をともなった理想世界を表す。「世界救世教主之光教団パンフレット」発行年未詳。

(19)　「「真の一元化」は「明主様の御経綸に帰一」した「超宗教・世界救世教」への一体化にあり、その実現は、三派が被包括法人を返上することを以て達成されるものとする。その時期は新体制発足後十年とする」（「追加合意書補完に関する確認書」p.2）［共同プロジェクト推進本部 広報プロジェクト編2002: 7］。

(20)　共同プロジェクト推進本部のプロジェクトの一つに、「聖地運営プロジェクト」があり、聖地の維持、運営に関することの他、聖地に関わる教祖の御教えの整理が行われている［共同プロジェクト推進本部 広報プロジェクト編2006］。

(21)　北海道、東北、東京、北陸、中部、関西、中国、四国、九州、沖縄の10地区である。

(22)　MOAインターナショナルホームページ http://www.moainternational.or.jp/ （最終閲覧日2017年10月1日）参照。2005年に発行された『代替療法ナビ』で岡田式浄化療法が取り上げられている［上野監修2005: 127-136］。

(23)　関東（静岡県以東）、中部・北陸、京都滋賀、大阪、兵庫、中国、徳島（香川県を含む）、愛媛、高知、九州の10布教区である。

(24)　「1989年（平成元年）5月以降、ご神業の根幹にかかわる一連の改革が進められる中で、明主様のご神名は「おしえみおやぬしの神」から最高のご神格を得られた救世主を意味する「明主之御神」へと高められました」［東方之光教団パンフレット「明主様の『奥津城』について」発行年未詳］。

(25)　いづのめ教団、主之光教団も「御尊影」を掲げるが、ご神体のある中心部に掲げるか、脇に掲げるかの違いがある。

(26)　いづのめ教団が「浄霊中心」を強調した背景には、芸術活動、自然農法の停滞もある。美術館を運営するMOA美術文化財団は、「体制派」であった東方之光が実質的に管理しており、都市部の問題意識の高かった若手専従者や青年信徒を中心とした新生派の活動は、当初地方・農村部にまで行き渡らなかったためである。

(27)　二代教主は、2012年に50回忌を終えた。これを機に、主之光教団では、二代の神名を「天津真玉善美之命（あまつまたまよしみのみこと）」から「幽世大神（かくりよのおおかみ）」に改めた。また2013年度から、本部での二代教主命日祭を取りやめ、墓前祭のみに縮小されることが決まっている。神名の変更は、東方之光と同じで、二代教主に特別な神名でなく、救世教における祖霊の集合名詞をあてている。主之光教団理事の聴き取りより。また2017年、教主の意向を受け、岡田茂吉の「御神名」を「おしえみおやぬしの神」から「メシヤの御神（みかみ）」に、あわせて「善言讃詞」の改定を決定した。

143

結章
要約と結論

　本書の目的は、浄霊と称する療術で、第二次世界大戦以後に教勢を伸ばした世界救世教を事例として、呪的宗教の組織化を中心とした教団統合の問題を明らかにすることであった。その解明のために、本書は序章で、先行研究を整理し、以下のような分析枠組みと作業仮説を設けた。

　呪的宗教は、組織論的には、デュルケーム的「教会」（教団組織）をもつ宗教と、それをもたない呪術の中間的形態であり［Durkheim1912=2014上：90-92］、教義論的には、形而上学あるいは究極的関心（ultimate concern）を扱う宗教と、現世利益的・実利的問題解決にとどまる呪術の中間的形態であった（宗教―呪術複合）［Yinger1970 =1989: 139］。本論では、呪的宗教＝霊術系宗教の中でも、病気治しを主要な布教の武器とする療術系宗教を、呪的宗教のサブカテゴリーとして設定し、特に教団統合が困難な教団類型であることを理論的に考察した。分析枠組みは、西山茂の日本の土着宗教の組織類型論を下敷きとし［西山2013］、宗教的イエモト論を併せて用いることとした。本論の作業仮説は、〈救世教〉が、療術系宗教であれば、一元的教団組織（教会）をもつことが難しく、仮に教団をつくるにしても、西山のいう連合型にとどまるのではないか、さらに、日本の伝統的な宗教的イエモト制に影響されて、教団統合の型としては、イエモト推戴型になるのではないか、ということであった。

　第1章では、以下のようなことが明らかになった。世界救世教は、戦後日本を代表する新宗教教団の一つであり、浄霊と称する病気治しの秘儀を、中心的な宗教実践とする療術系新宗教であった。また、組織論的には、包括法人世界救世教のもとにある3つの被包括法人（東方之光、世界救世教いづのめ

教団、世界救世教主之光教団）が、教主を共に推戴しつつ、実質的に教団を運営するイエモト推戴的連合教団であることを確認した。教義の面では、〈救世教〉は単なる療術に留まらない独自の世界観をもち、〈浄霊〉も霊の理論や身体観・健康観など、一定程度の形而上学的教義に裏付けられていることが明らかになった。

　第2章では、以下のようなことが明らかになった。〈救世教〉の宗教様式、特に〈浄霊〉の秘儀（儀礼）は、明治以降の霊術（療術）家の流れの中に位置づけられた。教祖・岡田茂吉が当初、宗教的な世界観や救済の教えを、どの程度重視し、それが信者に受容されていたかは、必ずしも明らかではないが、少なくとも戦前は、宗教的活動を充分に行う環境になかったため、形態としてはまさに療術家であった。宗教的教え（教義）は表立っては説けなかった。儀礼も民間療法（「岡田式神霊指圧療法」）というかたちでしか行えなかった。宗教的世界観に裏付けられない秘儀は、「技術」とみなされ、講習を受講することによって伝達されたため、宗教教団としては成立し得なかった。呪術―宗教類型でいえば、呪術に近かったと言える。また、医師法違反で療術行為を禁止されて以降は、おひかりの拝受も含めて弟子たちに任せたため、極めて統合度の低い組織形態となった。そのような組織形態を、本研究では、療術ネットワークと捉えた。秘儀（奥義）の伝承形式は、イエモト論でいう「完全相伝」に近く、家元制度（≒教団組織）は形成し得なかった［西山松之助1982］。

　第3章では、以下のようなことが明らかになった。〈救世教〉は、戦前の統合度の低い組織形態を基盤に、戦後の発展期をむかえた。この段階では、信教自由の社会において、療術団体から宗教法人への展開があった。個別主義的実践が、曲がりなりにも形而上学的教義に内包されていた。呪的団体が、デュルケムの言う「教会」を構成しはじめたと言えよう。しかし、日本観音教団の分会制の組織や、日本五六七教の独立をみても明らかなように、組織としては依然、非常に統合度が低かった。それは、第2章の他の事例にもみられたような療術系宗教としての不安定性も反映していた。〈救世教〉は、戦後の医療環境が未だ充分に整備されていない状況において、病気治し

の秘儀によって爆発的に教勢を伸ばした。しかし、そのことは同時に、教えの不徹底をもたらした。つまり、戦後の〈救世教〉は、この段階ではまだ、療術ネットワークの段階にとどまっていた。

　第4章では、以下のようなことが明らかになった。本書では、〈救世教〉教団の確立を、1950（昭和25）年の世界救世教（メシヤ）の誕生時と捉えた。各派閥の寄り合い所帯的な大教会連合であったとはいえ、岡田茂吉＝教祖のカリスマのもと、曲がりなりにも系統教会制を整えた。教義の面では、茂吉＝メシヤ崇拝の強調、儀礼の面では、宗教的療術としての浄霊法の確立がそれぞれ対応した。こうして、呪的宗教が確立した。ただし、戦後の〈救世教〉の大発展を支えた病気治しの秘儀（浄霊）は、形而上学的整備が遅れていた。信者は誰でも浄霊を行えたし、直接的に浄霊を施してくれる身近な教師（とくに教会長）との結びつきを強くした。そのような統合度の低さは、1951（昭和26）年の地区制の失敗に現れている。宗教様式の一元的教団統合は不十分な段階にとどまった。

　二代教主・よ志の行った教団整備は、まず教義の再編（特に「神的順序」の主張）によって、教主＝岡田家の地位を特権化し、宗教的イエモトを確立しようとした。儀礼の面では、「祈りの浄霊」の教えによって、秘儀の形而上学的側面を強調した。教祖在世中のものを含めて、これらの一連の教義的整備は、教義、儀礼上の一元的教団統合の試みと理解出来る。また、組織の面では、系統制を維持しつつ、青年会の設立や組織的布教体制の整備を行った。しかし、それらが必ずしも成功しなかったことは、多数の分派の発生によって明らかである。

　教団一元化は、イエモト官僚中心の教団統合をめぐって展開した。〈救世教〉にとって、教団一元化は、1951（昭和26）年から繰り返し試みられた、組織化の通奏低音であった。顧問制廃止後の混乱、相次いだ有力教会の離脱、教勢の停滞などの内外の緊張関係に対して、教団が一致結束する気運が醸成され、川合―松本（明）の強力なリーダーシップによって、実行された。とはいえ、タテ線組織の制度化［西山1990］が進んでいたため、その切り替えには、常に強い抵抗が起っていた。そのため、教団一元化は、それま

での分権的な組織体制から反発を招き、さらなる分派の誘因となった。教団一元化は、やがてイエモト官僚の権限を増大させたわけだが、それへの反発によって、非主流派によるイエモト中心の教団統合を求める運動が盛り上がった。これが分裂に至る布石となった。

　第5章では、以下のようなことが明らかになった。分裂とその後の和解を経て、イエモト推戴的連合教団となった。〈救世教〉の教団一元化では、組織の一元化は曲がりなりにもいったん達成したものの、信仰（教義・儀礼）の一元的統合に裏付けられない脆弱なものであったため、成功しなかった。2000年の和解は、イエモト官僚とイエモトの和解であった。「和解」であったので、イエモトは絶対的権力は得られず、「推戴」となった。一方、イエモト官僚である管長（総長から名称変更）も、それぞれの被包括法人のうちに影響力を行使しうるだけで、その権力は格段に下がった。〈救世教〉では、その後の被包括法人の放棄を目指して、教祖観・教主観（教義）、浄霊観（儀礼）の統一を整備しようとした。世界救世教を構成する3被包括法人は、必ずしも現状の連合型組織を良しとしておらず、教団一元化を理想としていた。それは、各被包括法人の内部組織が一元型であることからもわかる。しかし、宗教様式（特に教義・儀礼）の不整合が、教団一元化の大きなネックとなった。結局、3派統合の試みは、失敗に終わった。

　以上の〈救世教〉の組織化を、宗教様式の変遷としてまとめると、次の図のようになる。

組織化のテーマ＼宗教様式	教義	儀礼	組織
療術ネットワーク（1935〜50）	希薄　中親中心	「神霊指圧療法」民間療術	ネットワーク
系統的宗教化（1950〜55）	茂吉＝メシヤ信仰	「浄霊」	系統型
イエモト推戴的一元化（1955〜80）	「神的順序」総長中心	「祈りの浄霊」脱呪術化	一元型
イエモト推戴的連合化（2000〜）	教主−中親複合	「浄化療法」「想念の浄霊」	連合型

結-1　〈救世教〉の宗教様式の変遷

結章　要約と結論

　ここにおいては、教義・儀礼と組織が、密接に関連していることがわかる。以下、この図を参照しながら、本論の結論を述べる。

　戦前の療術ネットワークとしての展開は、〈救世教〉の組織化のいわば原体験（原風景）のようなものである。この段階では、教義化は希薄で、中間組織のリーダーである中親中心の民間療術団体であった。それは、岡田茂吉が本来目指したものではなかったが、後々までもその在り方が、〈救世教〉の組織化の方向を規制した。

　戦後の再組織化は、教義様式上は、教祖メシヤ論による世界救済の打ち出しと、イエモト教主経由の「神的順序」という教義の収斂性を確立しようとした。前者は後者と結びついてはじめて、教団統合を達成できる。療術はその形而上学的教義に包括され、宗教的療術となった。

　世界救世教では、象徴的とはいえ、教主中心の信仰が確立されているが、それは教団一元化以来のものであり、教祖中心を主張した分派教団に対抗して強化された。儀礼観は依然、統一されていない。東方之光では岡田式浄化療法が、いづのめ教団では「想念の浄霊」がそれぞれ行われている。一元的・閉鎖的な被包括３法人による開放的な浄霊の半開的統制という実践の分散性がみられる。

　以上の結果、世界救世教は、宗教と呪術（療術）を兼ね備えた不安定な教団組織をもつ呪的宗教としての療術系新宗教になった。「イエモト推戴的連合教団」が、中間的な組織形態で不安定なものであることは、強調しておくべきであろう。

　組織が連合型になっているのは、やはり、儀礼の形而上学的教義からの独立性によるところが大きい。第５章で明らかにしたように、教祖・教主観も各派でばらつきがある。とはいえ、分派教団と比較した場合、イエモト（教主）推戴の立場上、教主中心でまとまっていることは疑いない。

　本論では、〈救世教〉の組織化を、宗教的イエモトの確立と、それへの統合と拡散の過程として描き出した。〈救世教〉の宗教様式の特徴は、その呪的秘儀の特化にあったが、それは、①社会的要因（宗教統制下）、②文化的要因（霊術家の時代）のもと、岡田茂吉の路線選択によって生み出された。茂

吉の確立した宗教様式は、二代教主以降の時代に、岡田家を頂点とする宗教的イエモトを巡って展開した。しかし、分派教団が、独自の霊統を主張して比較的容易に教主の権威を相対化したように、家元制度の確立は、不完全なものでしかなかった。それは、①教団発達的要因（タテ線組織の固定化）と［西山1990a: 60-61］、②教団志向性的要因（教えの整備の不充分さと儀礼の独立性）によって説明された。

　教団一元化の過程で、イエモト推戴が確立・強化された。相次いだ分派教団は、教祖直結を主張したが、それ以外の宗教様式は、〈救世教〉とそれほど異ならなかった。〈救世教〉が、岡田茂吉直系（正統派）を主張するために、イエモトの存在が、分派教団への重要な対抗理論となったのである。しかし、一方で、〈救世教〉の教団内部的には、イエモト（あるいはイエモト中心の主張）とイエモト官僚（あるいはイエモト官僚中心の主張）の対立があった。この対立は極めて深刻で、一時は３派分裂の様相を呈した。その和解の産物として、イエモトの推戴化となった。ここで、序論で述べたイエモトの「閉じる」機能が活用されたのである。ただし、それは、家元制度のような厳格なものではなかった。中間組織と中親に多くの権限を委譲したからである。したがって、ここでは、「半ば閉じる」というような段階にとどまっている。連合型組織におけるイエモトの機能の限界であろう。とはいえ、イエモトを推戴していること自体は、新宗教に限らず日本宗教の一般的な形態であり、〈救世教〉もその文化的被拘束性を受けたと言えよう。

　序論で述べたように、デュルケームは、呪術は「教会」を持たないと述べた。しかし、現実の「宗教―呪術複合」においては、呪的宗教の形而上学的教義と、教団組織論が問題となる。〈救世教〉においては、宗教化する過程で、療術を形而上学的教えに包括させ、徐々にその形而上学的側面を強調した。しかし、それは完全には達成されなかった。したがって、妥協の産物として、組織構造上は連合型になったのである。すなわち、教義、儀礼の統合度が、組織選型の重要な媒介変数となることが明らかになった。

　以上、本書の考察の結果、呪的団体も、個別主義的実践を形而上学的教義に内包させることで、呪的宗教（霊術系宗教）と成り得ることがわかった。

その際、どのような組織を取りうるかというと、とりわけ開放度の高い療術型の宗教は、連合型になる蓋然性が高いということが判明した。療術系宗教では、開放的な秘儀中心の活動を充分に克服して、一元的な教団統合を行なうのが困難だからである。デュルケームが「教会」(教団組織)の特徴として述べた「共通の表象」、「同一の行事」(7頁参照)という観点からみれば、「連合型」は、純粋な「教会」とは言えないかもしれない。しかし、「連合型」は、霊友会などの新宗教の他にも、真宗仏光寺派などの非霊術系の既成教団にも見られる有益な類型である（序章註31参照）。

　また、日本宗教の多くが、イエモト制の文化的被拘束性をもっていることを指摘したが、このことは、本論のような研究が他の多くの教団の組織論的な研究にも応用可能であるかもしれないことを暗示している。連合型であれば、家元制度は確立し得ないため、イエモト推戴的連合教団となり易いと言える。

　最後に、今後の残された課題として、まず、他の霊術系宗教との比較検討が必要だろう。特に霊友会において、なぜイエモトを推戴しない連合型となったかは、興味深い課題である。現在のところ、両教団における霊術類型の違い（かつての霊友会のそれは「シャーマン型」であるが、中央の統制が弱かった）と〈救世教〉の教団一元化（＝イエモト＋イエモト官僚中心の教団統合）のような機会を持たなかったことが関わっているのではないかと推測される。

　次に、同じく霊術系宗教でありながら、〈救世教〉のような連合型にならず、一元型になった真如苑や、真光系教団との比較研究が挙げられる。こちらは、急激な教勢拡大（したがってタテ線組織が制度化されなかった）、霊術が閉じられていた（真如苑はシャーマン型、真光系は探求型）であったことが、その要因と推測されるが、それはやはり今後の課題である。

　序章で述べたように、呪的宗教の組織論は、これまで充分にはなされてこなかった。筆者は今後、日本の霊術系宗教を中心にしながら、世界の呪的宗教の組織論に発展させ、古くて新しい課題であるデュルケーム的「教会」の解明に向かっていきたい。

巻末資料

第2章

表2-2 『季刊いづのめ』「体験手記」記事分類

事例番号	性別	年齢	所属	記事タイトル	掲載号	人生問題	解釈	実践	解決(結果)
B-1	女	49	愛知	浄化が変えた家庭の霊界 —生命は御神業の為に—	07冬	息子のパニック障害、自身の子宮頚がん	我・執着	浄霊、想念の実践(考え方の切り替え)、布教、平安郷建設献金	息子と自身の容態が安定
B-2	女	59	東京	燦々と輝く私の太陽 —明主様と出会わせてくれた長女—	07冬	娘の乳ガン(末期)	家族を明主様と繋げる為の命がけの働き	浄霊	娘は死去、自身は自己の使命を自覚
B-3	女	49	神奈川	明主様との出会いと娘が教えた愛の温かさ —家族の浄化の意味を知る—	07冬	娘の多動性障害	家族を明主様と繋げる為に与えられた試練	浄霊	娘の容態が安定
B-4	女	29	愛知	母の天国の心が私に映る —息子の大浄化を通して学ぶ—	07秋	息子の小児ガン	心の曇り、人間的に向上するために与えられた試練	浄霊、献金、想念の実践(心の切り替え)	息子の健康の回復
B-5	男	59	兵庫	神の代行者に選ばれた喜び —亡き両親が培った信仰に向かう—	07秋	貧困 自身の家族の病気(喘息・糖尿病・胃潰瘍) 弟との人間関係	先祖の因縁	浄霊、想念の実践、先祖供養	健康の回復、経済状態の好転、弟との人間関係の改善
B-6	女	65	愛知	嫁になってくれてありがとう —大浄化の末に許された家庭天国—	07秋	長男夫婦の離婚	先祖の因縁、家族の曇り	先祖供養、「委ね」、想念浄霊、心の切り替え	長男夫婦の復縁
B-7	女	62	香川	困難な中に潜む向上の糧 —姑とともにあらわれる明主様へ感謝—	07夏	姑の介護 嫁姑関係	先祖の因縁	浄霊、想念の実践(先祖感謝)	姑の健康の回復 嫁姑関係の改善
B-8	女	59	神奈川	亡き父に心からお詫び —断ち切られた負の連鎖—	07夏	親子の不仲	先祖の因縁	想念の実践(先祖供養)	家族関係の回復
B-9	男	52	愛媛	最愛のオヤジ、ありがとう!	07夏	病気(腹痛)	先祖の因縁	浄霊、想念の実践(先祖供養)	健康の回復
B-10	女	59	愛知	御光に破られた心の殻	07夏	人間関係、嫁姑(舅)関係	先祖の因縁	想念の実践(先祖供養)	人間関係の改善、嫁姑関係の修復
B-11	女	48	兵庫	囚われからの解放 —人の幸せを想う心に光をいただく—	07春	貧困、病気(神経症)	囚われ、魂の向上のための浄化	浄霊、利他行、華道山月、想念の実践	夫の転職、精神の安定
B-18	女	54	神奈川	夫から学んだ神様とご先祖様の願い —至らぬ自分を知るために—	07春	夫婦関係	先祖の因縁、人間的に向上するために与えられた試練	想念の実践(先祖供養)	夫に対する考え方の変化
B-19	女	25	埼玉	明主様に導かれて歩む日々 —救いの三本柱の学びを深める—	07春	病気(てんかん)	人間的に向上するために与えられた試練	浄霊、自然食、アートボランティア活動	発作がおさまる
B-20	女	45	愛知	私は先祖の引率責任者 —四家八柱の祖霊祭祀に取り組む中で—	07春	病気(足の浮腫み、体調不良)	先祖の因縁	先祖供養、浄霊	先祖の引率責任者としての自覚
B-21	女	50	岐阜	本当の幸せは神様を思う心の中に— —繰り返される浄化と御守護のはざまで—	06冬	家族問題(義兄との不仲)		浄霊、参拝	義兄に感謝できるようになる
B-22	男	36	京都	ご先祖様からのメッセージ —生かされ許されていることを実感—	06冬	仕事が続かない	先祖の因縁	想念の実践(先祖供養)センターの清掃奉仕、『光明』紙配布	定職に就く
B-23	女	58	富山	先祖とともに笑顔で生きる —証の中に知る、かけがえのない人達—	06冬	母の介護	悪の心に気づかせるために与えられた試練	想念の実践(先祖供養)	母の症状が安定
B-24	女	46	愛知	夫は私の向上のための協力者 —苦悩を和らげる感謝の心—	06秋	夫の病気(末期ガン)	人間的に向上するために与えられた試練	浄霊	夫の死、自己の使命の自覚
B-25	女	53	ブラジル	一瞬で大変化を遂げた心 —家族との確執が消え感謝の心—	06秋	継母、義妹との人間関係	先祖の因縁	想念の実践(先祖)	心のわだかまりが消える
B-26	男	58	石川	消えた妻のガン 「心」の転換によって変わる現実—わが店も明主様のお道具に—	06夏	妻のガン(末期)		浄霊	ガンが消える
B-27	女	39	鳥取	どうしても自分を変えたい! —明主様との約束を素直に実践—	06夏	人間関係(家庭、職場)	人間的に向上するために与えられた試練	気持ちの切り替え	家庭、職場の人間関係の改善

B-28	女	32	香川	愛があって人は人として生きる ―人間不信に終止符―	06春	人間関係、息子の病気（ホルモン異常）		浄霊	人間関係の改善
B-29	女	82	埼玉	教主様のお言葉を胸に御用にお使いいただく	06春	リウマチ 義姉との人間関係		浄霊、神（明主様）へ委ねる	息子の再就職
B-30	女	33	兵庫	どんな浄化も乗り越えられる ―"自分が変わる"ことから始ま―	06春	舅姑との関係、息子の多動性障害など	先祖の因縁、人間的に向上するために与えられた試練	浄霊の取次ぎ、青年部活動などの諸活動	人間関係の改善

＊『いづのめ』2006〜2007年より筆者作成

表2-3 『光明』「私の体験手記」記事分類

事例番号	性別	年齢	所属	記事タイトル	掲載号	人生問題	解釈	実践	解決（結果）
C-1	女	57	ブラジル	胸椎損傷の痛みから解放 ―浄霊で幸せへの道つかむ―	260 (07/12/1)	うつ病 胸椎損傷	先祖の因縁	浄霊、先祖供養	健康の回復
C-2	女	61	愛知	腸閉塞の心配消えた ―感謝の心が芽生えた時から―	260 (07/12/1)	腸閉塞	先祖の因縁 感謝の気持ちの欠如	浄霊、先祖供養	健康の回復
C-3	女	56	京都	膠原病に光 ―医師も驚くほど元気に―	259 (07/11/1)	膠原病		浄霊、聖地（平安郷）の清掃奉仕	健康の回復
C-4	女	51	愛知	糖尿病の不安消える ―自然食に切り替え、家族も元気に―	259 (07/11/1)	糖尿病		自然食、浄霊	健康の回復
C-5	女	51	埼玉	20年苦しんだアトピーに光明 ―自然食と浄霊で代謝能力アップ―	259 (07/11/1)	アトピー性皮膚炎		自然食、浄霊、EM	健康の回復
C-6	女	40	埼玉	娘の化学物質過敏症が改善 ―自然食と浄霊に感謝―	259 (07/11/1)	娘の化学物質過敏症		EM、自然食、浄霊	健康の回復
C-7	女	69	愛媛	孫のリンパ節炎消える ―感謝の心芽生え、優しい子に―	258 (07/10/1)	孫のリンパ節炎	先祖の因縁	浄霊、先祖供養	健康の回復
C-8	女	48	福岡	うつ病・顔の湿疹 ―不安からの解放、幸せな毎日に―	258 (07/10/1)	うつ病 顔の湿疹		浄霊	健康の回復
C-9	女	61	東京	胃ガンを克服 ―苦境から一転、充実した人生に―	258 (07/10/1)	胃ガン	神様がされたこと	浄霊、自然食、浄霊の取次ぎ	健康の回復
C-10	女	71	愛知	狭心症・脳こうそく・関節痛 ―浄霊に出会って毎日元気に―	257 (07/9/1)	狭心症・脳こうそく・関節痛		浄霊、浄霊の取次ぎ	健康の回復
C-11	女	58	京都	認知症が改善 ―以前の優しい母に戻った―	257 (07/9/1)	母の認知症介護	先祖の因縁	浄霊、先祖供養、浄霊の取次ぎ	認知症の回復
C-12	女	39	福岡	夫の二十年来の頭痛なくなる ―先祖供養と浄霊の大切さ実感―	256 (07/8/1)	夫の偏頭痛	先祖の因縁	浄霊、先祖供養	健康の回復
C-13	女	25	愛知	親子でアトピー克服 ―薬使わず、きれいな肌に―	256 (07/8/1)	自身と娘のアトピー	先祖の因縁	浄霊、先祖供養、自然食	健康の回復
C-14	女	44	岡山	末期の胃ガン・肝硬変 ―死を宣告された父が回復―	256 (07/8/1)	父の胃ガン	先祖の因縁	浄霊、先祖供養、花の生け込み奉仕、浄霊の取次ぎ	健康の回復

巻末資料

C-15	女	74	兵庫	胃ガンが消えた －浄霊に出会えてよかった－	255 (07/7/1)	胃ガン	先祖の因縁	浄霊、先祖供養、浄霊の取り次ぎ・『光明』紙配布、清掃奉仕	健康の回復
C-16	男	49	青森	"生きがい"見つけた －浄霊で心も体も元気になる－	255 (07/7/1)	父の介護疲れ		浄霊	心身ともに健康の回復
C-17	女	39	北海道	パニック障害・アトピー性皮膚炎 －長年の病が癒され、子供を授かる－	255 (07/7/1)	パニック障害・アトピー性皮膚炎		浄霊、自然食	健康の回復
C-18	男	73	長崎	椎間板ヘルニア・糖尿病 －暗くつらい日々から脱却－	254 (07/6/1)	椎間板ヘルニア・糖尿病		浄霊	健康の回復
C-19	女	65	愛知	卵巣ガンに光明 －夫へ心から「ありがとう」－	254 (07/6/1)	卵巣ガン		浄霊	健康の回復
C-20	女	52	福岡	狭心症・慢性胃炎・関節痛 －心身救われ感謝溢れる－	254 (07/6/1)	狭心症・慢性胃炎・関節痛		浄霊	健康の回復
C-21	男	88	東京	肋間神経痛が消える －家族の愛情に支えられて－	253 (07/5/1)	肋間神経痛		浄霊	健康の回復
C-22	女	71	岡山	夫のC型肝炎に光明 －夫へ心からの「ありがとう」－	253 (07/5/1)	C型肝炎		浄霊	健康の回復
C-23	女	73	京都	癒されたリウマチ －五十年来の葛藤も晴れる－	253 (07/5/1)	リウマチ 義姉との人間関係		浄霊	健康の回復 義姉との人間関係の改善
C-24	男	62	愛知	花に癒された「うつ」病 －睡眠薬で眠れるように－	252 (07/4/1)	うつ病		華道山月の実践	健康の回復
C-25	男	59	兵庫	糖尿病・ゼンソク・経済難 －悪夢乗り越え、感謝の毎日－	252 (07/4/1)	経済難、妻の糖尿病、弟のゼンソク、自身の胃潰瘍		浄霊、浄霊の取り次ぎ	健康の回復 経済状態の改善
C-26	女	84	島根	親友の「腫瘍」消える －浄霊と祈りの力を実感－	251 (07/3/1)	親友の十二指腸の腫瘍		浄霊	健康の回復
C-27	女	72	愛知	心臓肥大が全快 －体内の汚物が排出された－	251 (07/3/1)	心臓肥大		浄霊	健康の回復
C-28	女	69	鳥取	「うつ病」から救われた私 －"死にたい"気持ちが霧消	251 (07/3/1)	うつ病	心の状態	浄霊、心の切り替え	健康の回復
C-29	女	57	愛媛	悪性リンパ腫乗り越え －夫婦間の浄霊で安心感－	250 (07/2/1)	悪性リンパ腫		浄霊、心の切り替え、奉仕活動	健康の回復
C-30	女	29	奈良	母のリウマチ －浄霊に出会い明るい家庭に－	250 (07/2/1)	母のリウマチ、個人的な悩み、弟の就職難		浄霊	母の健康の回復 弟の就職
C-31	女	78	鳥取	夫のアルツハイマー型認知症 －以前の生活を取り戻す－	250 (07/2/1)	夫のアルツハイマー型認知症		浄霊	夫の健康の回復
C-32	女	75	愛知	「腸閉塞」が治癒 －手術免れ、便秘も解消－	249 (07/1/1)	腸閉塞		浄霊	健康の回復
C-33	女	50	広島	母の顔面神経痛 －医師も驚く回復－	249 (07/1/1)	母の顔面神経痛	ハッキリものを言い過ぎる	浄霊	健康の回復
C-34	男	35	埼玉	「バセドウ病」から復活 －柔術大会で優勝－	249 (07/1/1)	バセドウ病		浄霊・心の切り替え	健康の回復

＊『光明』249～260号より筆者作成

第3章

資料3-1（1934.5.1）

稟告（応神堂開業ビラ）

　余が創始の岡田式神霊指圧療法は今より八年前突如聖観世音菩薩の霊感を享け如何なる病者も治癒すべき大能力を与うるに依り世の為匡救の業に従うべし爾来数年千余人に及ぶあらゆる患者に施術したる処其偉効は神の如く難病重症等全治せざるなく真に驚嘆すべき成果を挙げつつ今日に到れり然るに従来は大森の僻陬に他業と兼行し遺憾ながら時を待ちいたりしが今回再度の神啓を蒙り修業全くなりたる〔を〕以て弘く一般病者を救済すべしと茲に於て帝都の中心麹町区に施術所を設け大に救世済民の志を遂げんとす大方の病に悩める諸彦（しょげん）即に神恵に浴せられんことを

　左記は従来の実験成績にして其如何に卓越せるかを知られ度し

　——中略——

　尚右に洩れたる病症多々あらんも大体以上に準ずるものと心得られたし又病症の難易に由り多少の遅速は免れがたきも余が治療は対症療法に非ずして根本療法なれば全治後余の指示に従う限り絶対再発の思いなきを保証す特に弱体者をして健康者に転換せしめ一家族全体無病者たらしむる等之れまで人類が望んで得られざりし難事も余が指導に従えば必ず解決するなり。実に現代の奇蹟と言うも過言に非ずと信ず現在多年の病弱者一掃されて生の幸福を享有しつつある家庭多数あり人間が病気の不安より解放さるる事こそ真に幸福の第一義を把握せるものと言うべきなり。

　　　　　施術時間　自宅　午前九時より午後三時まで
　　　　　　　　　　出張　午後三時より同六時まで
　　　急病は此限りにあらず
　　　　　　　施術料金　　初回目　　　弐円
　　　　　　　　　　　　　二回目より　壱円
　　　　　　出張（市内）　初回目　　　拾円
　　　　　　　　　　　　　二回目より　五円

医師の招聘に応ず（病原指適、治療の補助）

　　　　　　　　　　　　　　岡田式神霊指圧療法創始者
　　　　　　　　　　　　　　　　岡田仁斎　識
　　　　　　　　　　　　　東京市麹町区平河町三丁目四番地
　　　　　　　　　　　　　　　施術所　応神堂本院
　　　　　　　　　　　　　　　　電話九段六一三番

出典：岡田茂吉全集編集委員会編1994『岡田茂吉全集』著述篇1、
岡田茂吉全集刊行委員会：pp.19-21.

資料3-2（1936.6.15）
　　　　　　　　大日本健康協会主旨及び会則
　主旨
一、本会は、大日本健康協会と称す
一、本会の目的は、岡田仁斎（岡田茂吉のこと；引用者注）先生創建に係わる新日本医術が従来の所在（いわゆる）療病法に比し断然卓越せるを認め、之に依って、日本人の健康問題は解決さるゝ事を期す
一、近時、西洋医学が進歩せりというに不拘（かかわらず）不健康者と病者の驚くべき激増の事実は、国家の前途に対し深憂すべき一大問題なり、茲に本会の活動によって誤れる療病法を是正し健康日本を創造する事を期す
一、肺結核、近眼、脳溢血、弱体児童の激増は現代の医学衛生に根本的欠陥のある証左にして、此欠陥を検討し改善して真に日本人に適合する健康法の確立を期す
一、近代医学に於ける科学偏重の誤謬を是正し、霊肉両全の日本式健康法を確立す
一、次代の国民たる弱体児童激増の防止は真に刻下の急を要する問題なるが、本運動によって必ず解決せらるるを信ず
　会則
一、本会は各地に支部を設置し、又付属病院を経営す

（但し病院設置の場合は現行法規による）

一、本会は、漸次有力なる新聞雑誌を利用宣伝し、又各地に講演会を開催し其主旨の徹底を期す

一、本会は、雑誌月刊「健康」を発行す（一部拾銭）

一、本会員は、入会金として、金五拾銭也を払込みそれと引換えに単行本「明日の医術」を呈す、会費は月額一人（参拾銭）を払込むべし、会員には雑誌健康を発行の都度贈呈す

一、本会に、会長一名、副会長二名以内、顧問若干名、理事若干名、宣伝部長一名其他庶務会計を置く

一、本会は、毎月一回、役員会を開催し又春秋二期に総会を開催す

一、特に本運動援助の為— 一時金（百円以上）（分納にても可）を提供したる士を賛助員とす

一、賛助員の特典

一、賛助員家族に対しては、常に健康の相談に応じ、特に治療上の便宜を計るべし

二、本会発行の書籍雑誌は其都度贈呈す

三、仁斎先生（御染筆の書体）を贈呈す

一、本会は、新日本医術による、治療士を養成し治病報国の実を挙ぐる事を期す

　　（右講習規則書は希望者に贈呈す）　（本会治療所は目下選定中）

　　　　　　　　　　　　　大日本健康協会仮本部
　　　　　　　　　　　　　東京市麹町区麹町一丁目七番地一
　　　　　　　　　　　　　電話九段（33）一九六番

出典：岡田茂吉全集編集委員会編1994『岡田茂吉全集』著述篇2、岡田茂吉全集刊行委員会：pp.399-401.

資料3-3（1936.9）

観音百幅会規定

　――略――

　先生に於かれては、頃日（けいじつ）小閑を得られしを以て、年来の御願望たる、観音尊像百幅の揮毫に精進せらるる事となる。

　――略――

　頒布方法

一、尺五紙本又は二尺二寸巾横物

　（画像は百種百態なるも左右の向、其他の御希望あらば前以て御通知ありたし。）

一、一口金五拾円也

一、申込金拾円也（第一回払込に充当）

一、次月より毎月金五円宛（ずつ）払込み、九ヶ月にて完了。

一、毎月抽籤により、当籤者へ即頒す。

一、一時に全額払込みの場合は即時画像を贈頒し、且書体（額面又は軸）を贈呈す。

　　　尺五紙本百態中の見本一種
　　　　昭和十一年九月

東京市世田谷区玉川上野毛二三四番地
宝山荘内　観音百幅会
電話玉川　二二五番

出典：岡田茂吉全集編集委員会編1994『岡田茂吉全集』著述篇2、岡田茂吉全集刊行委員会：pp.480-482.

資料3-4（1937.8）

治療解除歎願書

　謹而、歎願仕候。

　拙者儀、永年療術行為営業罷在候ニ有之候処、昨昭和拾壱年七月弐拾八日療術行為禁止ノ御指令ヲ受ケ、爾来今日迄只管謹慎ノ日ヲ送リ申居候。然乍ラ静ニ自己ヲ省ミ候時、全ク軽挙妄動ノ点多々アリシ事ヲ相識リ、深ク衷心ヨリ悔悟仕リ、洵ニ天ノ誠メト存ジ、自省ノ念ニ駆ラレツツ今日ニ及ビ申候。

　然ルニ、当時多額ノ負債ニ苦シミツツ有之剰エ多数ノ子女ヲ擁スル家族ノ生計ニ対シ、無収入ノ儘一箇年余ヲ辛オジテ支エ来リ候事ナレバ、今日ト相成リ最早如何トモナシ難キ窮境ニ迄立到リ申候。

　尚又、現住宅ハ目下第一債権者タル勧業銀行ヨリ競売執行中ニ有之、其他ニモ数口ノ債務有之候モ、夫等ハ療術行為御許容アル迄ハ不可能ノ理由ヲ以テ延期仕居候。

　申上グル迄モナク拙者本年五拾六歳ニ相成リ、資金モ又特殊ノ技能モ無之者故、今更転業モ不可能ニ有之、且永年負債ニ苦シミ来リ候コトナレバ蓄財トテモ無之、多数ノ家族ヲ抱エテ、今後如何ニシテ生クベキ乎、全ク進退谷ルノ実状ニ有之候。従而、療術以外生クルノ途ハ全ク無之候。何卒此窮状ニ対シ深厚ナル御同情ヲ賜リ、一家ノ生計ヲ営ミ得ラルルダケノ療術行為ノ自由ヲ御与被下度様、偏ニ懇願奉上候。然ル上ハ勿論御法規ハ固ク相守リ、誓ッテ過誤ヲ再ビセザル様、充分戒心ト注意ヲ払イ申可所存ニ有之候。

　何卒一日モ速ク、御赦免御救助ニ与リ、国民ノ一員トシテノ責務ヲ竭シ得サシメ給ワル様、書面ヲ以テ伏シテ歎願奉上候。

出典：岡田茂吉全集編集委員会編1994『岡田茂吉全集』著述篇3、岡田茂吉全集刊行委員会：pp.7-8.

資料3-5（1937.8.4）

　　　　　　　　療術行為届
　指圧療法と按摩術の差異
　本療法を施さんとする際、施術者は自己の精神力（思念力）を絶えず指頭に集注す。それに依って指頭より一種の放射霊力を生ず。是を一部の学者は人体電気と称す。此人体電気が病者の患部に浸透するに於て、指技と相俟って鬱血は散じ、血行は促進さるるを以て、苦痛の軽減と爽快感は実験に徴して瞭かなり。彼の掌療法も同一の原理にして、此技術は熟練するに従い、放射霊の集注は倍々濃度を増すものにして、之が治病に効果ある事は、近年欧米に於ても、発見唱導せらるる事実を観ても明らかなる処なり。
　然るに、按摩術は右の如き精神力は全然応用せず、単に手及び指技の熟練による方法なるを以て、全く本療法と異なるものなり。

　施術方法
　先ズ患者ノ患部ニ向ッテ一指又ハ二、三指ヲ用イテ軽ク触レ、又ハ極メテ軽ク指頭ニテ繰返シ繰返シ軽圧スル。時間ハ普通参拾分乃至壱時間トス。
　右ノ指技ニヨリ人体電気ノ放射ト相俟ッテ血行ヲ促進セシメ新陳代謝ヲ旺盛ナラシム。元来患者又ハ弱体者ハ身体孰レカノ部分ニ必ズ大小濃淡多少ノ鬱血部分アルモノナレバ、其部ヲ施術スルニ従イ鬱血ハ漸次解消ニ向ウヲ以テ、苦痛ハ軽減シ爽快感ヲ起シ全身的器能ハ活溌トナルベク、其結果トシテ病患ノ勢力ハ挫折衰退ニムカイ、弱体者ハ徐々ニ体質改善サレ行クハ、実験上瞭カナリ。従而医療ト併用スル場合聊カモ危険ナク補助的効果ハ鮮小ナラザルモノト思惟ス。

岡田茂吉全集編集委員会編1994『岡田茂吉全集』著述篇3、
岡田茂吉全集刊行委員会：pp.9-10.

資料3-6（1941）

療術行為届

　本籍地　東京市京橋区京橋一丁目九番地ノ四
　現住地　東京市世田谷区玉川上野毛町二三四番地

　　　　　　　　　　　　　　　岡田茂吉
　　　　　　　　　　　　　　　明治十六年一月二十二
　　　　　　　　　　　　　　　日生

一、業務所在地　東京市世田谷区玉川上野毛町二三四番地
一、療術行為ノ名称　日本式療法
一、施術方法ノ詳細　別紙ノ通リ
一、料金　別紙説明ノ通リ
一、履歴書　別紙ノ通リ
　右ノ通リ療術行為致度候ニ付関係書添付　此段及御届候也
　　　　　　　　　　　　　　　　　　右　岡田茂吉殿

履歴書
一、明治三十八年　婦人装身具卸業ヲ創業
一、大正八年　株式会社岡田商店ヲ創立シ社長ニ就ク（資本金弐百万円）
　　　　　　　翌九年ノ経済界恐慌ヲ動機トシ社業不振トナリ、十二年ノ大震災ニ遇イ大打撃ヲ受ケ会社解散トナル、是等ニヨッテ実業ニ興味ヲ失イ、且ツ病弱解決ノ為モアリ宗教ニヨッテ解決セントシ、各宗教ヲ研究シツツ霊ト病気トノ関係ヲ知リ、ツイニ独特ノ治病法ヲ創成シ、昭和九年ヨリ十五年廃業マデ療術行為営業ス、ソノ中間一回禁止命令ヲ受ケ一年有余ニシテ解禁ノ恩命ニ浴ス
一、賞罰　無シ
一、兵役　無シ
　右ノ通リ相違無之候也

施術方法

　先ず、被術者の患部に向って手指又は掌を触れぬ程度に宛て震動の形式をなす。而して病患に対する解釈は次の如し。

　元来、病患とは人体不断の浄化作用によってそれぞれの局所へ毒素集溜固結する。その毒結に対し溶解排除作用が起る。その為の発熱、不快感、痛苦等をいうのである。従而、右毒結の溶解と排除作用を促進する事を以て、治病の要諦となすのである。

　人体は物質のみに非ず霊が在り、霊と体との密合によって生命があるのであるが故に、肉体に毒素のある場合、霊体にもそのままの曇があるものである。故に、その曇を解消するや、霊主体従の法則によって肉体の毒素は解消又は軽減排除するのである。

　右の理によって霊体の曇を解消する方法こそ治病の根本であらねばならない。然るに、人間は生れながらに一種の霊光又は霊波ともいうべきものを保有されいるので、右の霊波を手指に集注し放射せしむるのである。此方法によって熟練するに従い、驚くべき治病力を発揮するので、体験者の殆んどが異口同音に称讃する所であり、拙者門弟等の門前市を成す実情によってみても明かである。

　名称を日本式療法と付した理由は、西洋医学に於ては、肉体のみを対象として進歩発達したるに反し、本療法に於ては、前述の如く霊体を対象とする。即ち前者は唯物的療法であるに対し、後者は唯心的療法であり、且つ日本に於て日本人によって創成されたるを以て、右の名称を適当と思惟したるに由る。

料金に就て

　拙者老齢の為、多数者の治療は困難であるが、今日の重大時局に於ける国民の一員として、今後の余生を国家の御役に立たせ度、皇恩の万分一にも酬い奉らんと期する次第である。従而、右の主旨によって皇族、陸海軍高級武官、国家の重臣等の方々に於て、御召又は懇請の場合、拙者事情の許す限り

御治療申上げる所存に有之、料金申受くる意志なきと共に、拙者幸いにも生活上の不安は些かも無之実情なれば、料金決定の必要なしと存ずる次第である。

出典：岡田茂吉全集編集委員会編1994『岡田茂吉全集』著述篇3、
岡田茂吉全集刊行委員会：pp.73-76.

資料3-7（1946）
日本浄化療法普及会々則
　　──略──
追而　組織内容は
　　　　会長　岡田茂吉
　　　　副会長　渋井総太郎
　　　　理事長　林出賢次郎
　　　　常任理事　黒沼真生
　　　　理事　鶴見憲、三尋木銀次郎
　　　　評議員　中島多計彦、坂井克行、荒屋乙松、木原義彦、川上吉子
　　　　　　　　内藤らく、高頭信正、大沼光彦、小川雅靖

出典：岡田茂吉全集編集委員会編1995『岡田茂吉全集』著述篇5、
岡田茂吉全集刊行委員会：pp.93-97

資料3-8（1947.7.1）
日本観音教団講習要項
一、本教団事務取扱要項第十七に基づく普及の講演及療法実習は本要項に従

う。
二、講習会は其都度講習会責任者及指導教師を定める。但し指導教師は同時に講習会責任者となる事が出来る。

　講習会責任者は開催後直ちに左記に従い分教会又は教団支部を経て教団総本部に報告せねばならない。

　イ、開催月日及場所
　ロ、講習会責任者及指導教師氏名
　ハ、講習会の概況
三、指導教師の講習順序は左記の通りとする。
　イ、布教講演
　ロ、療法指導及研究
四、布教講演の大要は教団教義を骨子とした左の要点に立脚し指導する事を要する。
　イ、吾等の信仰の対象
仰に基く。
　ロ、観世音は常に生きて吾等の裡にあり吾等と共に働いて居られる。
　ハ、観世音は此の迷いの世界を又不自然な吾等の姿を憐み、正しい姿にする為に救いの業を始められている。此の観世音の純粋の慈悲の御心が遂に現わされて三大災厄絶滅の力を示されたものである。
　ニ、此の三大災厄の根本である病いが無くなった時こそ真の地上天国が開かれるものと信ずる。茲に実際の地上天国が現わされる道が一路開かれ、吾等は光明の下その使徒として選ばれた確信を持つ、之れが即ち観音行の具現である。
　ホ、吾等は勿論未だ其儘では完全な正しい姿の人ではない。然し幸いに念彼観音力は吾等をして観音行を行う霊力の良導体に導き観音妙智力の具現者となる。
　ヘ、吾等の療法は観世音の示された智慧であり観世音の与えられた正しい覚りの道である事を信ずる。故に真に簡単で要を得て常識では想像も及ばぬ効果が現わされるのも当然で、観音力の及ぶところ何等不

思議はない。
　ト、吾等は唯黙々として此の観音の威神力と慈悲心を表わす使命遂行に従
　　　う事で足りるとのことを判っきりと銘記する。
　チ、吾等は常に観世音の示された教示を信じ日々念彼観音力の発揚の為自
　　　己勤行に努める。
五、療法は前記教義の要点に示された具体的なもので誰でも出来る。何時で
　も役に立つ特性を示すもので、所謂病の診断をするのでも無く、医薬使用
　の指導をするものでもない。
　　又治病の程度の判断を下すものでもない。即ち病厄に対する之れが根絶
　の道程であり此の道程の終極が此の厄から逃れ得るとの固い信仰だけに生
　きて施すものである。
　　然して吾等の療法を行う終極の結果は即ち病厄の根治は観世音の手の裡
　にあり観世音の御心の裡にあるものと固く信じ療法の指導も研究の範囲も
　此の要点から脱却せず、ただ観世音の忠実な僕であるに過ぎぬと言うこと
　を留意し従事する。
六、講習会に渡される「光」は吾等の信仰対象である観世音、即ち光明妙来
　の徴しであり、講習を終了した証として之を体持するもので、丁度キリス
　ト教に於ける十字架と同様のものである。
七、講習会の会期は前記布教と療法の真意を指導し得る事を目標とし、其都
　度指導師に依って適宜定める。
八、講習会を希望する場合で適当な指導教師の無い時は総て総本部にその派
　遣方を依頼するものとする。
　　付　本要項は昭和二十二年七月一日より実施に入る。

出典：岡田茂吉全集編集委員会編1995『岡田茂吉全集』著述篇5、
岡田茂吉全集刊行委員会：pp.383-386.

第4章

資料4-1（1951.10.18）
経と緯
御教え　今日は教団に関した話をする前に、その参考として、これを読ませます。それから、その話をします。

　（御論文「経と緯」朗読）〔「著述篇」第10巻311–313頁〕

　これはいままで、よく書いてあるから知っている人はたくさんあるでしょうがね。あとで話しますけれども、それがやっぱり、良く出ている。それから、もう一つ、仏教ですね。『文明の創造』の「宗教篇」ですが、仏教における大乗小乗も、ちょっとおもしろいですから、参考のために読ませます。

　（御論文「仏教に於ける大乗小乗」朗読）〔「著述篇」第10巻301—304頁〕

　つまり、いま両方読んだが。根本は経（たて）と緯（よこ）ですね。これを結んだものが、いままでないんです。それで救世教も最初観音教時代には、経と緯だったんですね。経は……これはみんな知ってますが、天国会だったですね。緯が五六七（みろく）会だったですね。ですから、信仰の状態も、天国会のほうは非常に厳粛だったですね。簡単に言えば、厳しかった。窮屈でもあった。それから、五六七会のほうは、まことに自由で気安かったけれども、またぎらしがないということが言える。両方とも極端と極端です。これはやっぱり経と緯で、つまり結んでなかった。伊都能売（いづのめ）になってなかった。そこで、結局において、天国会は大きな手柄を残したけれども、失敗した。五六七会のほうも大きな働きをしたけれども、失敗した。そうして去年の事件によ

って……事件というのは、とにかく五六七会の失敗なんですね。

　五六七会は緯ですから、非常にどんどん発展した。一時は不思議なくらい発展しましたが、これは緯の働きですから、いくらでも拡がったんですね。それが良く出ている。そうすると、経と緯の観音会というのはそうなんです。今度メシヤ教になってから、緯が失敗する時期になったんですね。で、以前はほとんど、五六七会というのは、教団の八割くらいに発展したんですからね。ちょうど、五六七会が観音教団のような形になったんですね。それが去年失敗すると、それから後は、経のほうの観音会系統の人が……大草さんとか、阿部さんにしろ……すべてが経営の中心だった。ですから、非常に教団はがっしりしてしまった。堅実というような感じですね。けれども、これではやっぱり発展性が乏しくなる。ですから、どうしても発展性は緯の拡がりでなければならない。そこで、今度渋井さんが、その働きをしなければならない。ちょうど、事件当時……事件が起るや否や……渋井さんが脳溢血で倒れた。中風ですね。ふつうだったら、いまもしようがないんだけれども、なにしろ一時はフラフラになって、やっと旭町（あさひちょう）から歩いてくるような……ものにつかまって、やっと歩いてくるくらいだった。口もきけなかったし、頭もぼっとして、どうにもならなかった。最近は私の浄霊によってほとんど治ってきた。この間京都に行ってみたところが、どうやら活動できるようになったということで、いよいよ時期が来た。それで、渋井さんが大いに働くことになったんです。この間、渋井さんが言うことには、自分が教修をしたのは十何万……10万以上ある。それが、あとがまことに育たない、と言うんです。本当に順調に育っている人は、何分の一だと言うんです。ところが自分がああいうような病気だからしかたがない。新しい信者を作るのも肝腎ですが、復活させるのも肝腎で、手っ取り早いと言うんです。それで、私も大いに結構だからやりなさいと言った。そうすると結局、どういう意味になるかと言うと、天国会系の経と、五六七会の緯が、今度結ぶことになる。ですから、渋井さんも、以前の緯に経が加わる。それから、天国会系の人も、今度は

緯が混じる働きもするということになって、両方とも、ちょうど結ぶ働きになるわけですね。それではじめて伊都能売の働きになっていく、ちょうどそういう動きが来たわけですね。渋井さんという人は、発展する……拡げる力は非常なものです。なんというか、腕があるというか……そんなようなのがあります。そうかといって、拡げるのを締めていくというのがない。いままでなかったですね。拡げっぱなしなんです。それで、自分も懲りたと言っている。以前には変な人間が入ってきて、いろいろかきまわしたり、教団の金を、なんとかうまいこと言って引き出したりする。渋井さんは非常に良い人ですからね。世間の人がそんな悪いことをしないと、気を許したからで、今後は絶対にそんなことはないと言っている。結局は経の働きが出るわけですね。ですから、これからは本当の伊都能売になってきたわけですね。

　それから、「散花結実（さんかけつじつ）」ですね。あれはだいたい……教団の去年の事件までというのは、花を咲かせたんですからね。花というものは、つまり体になります。霊ではない。ですから、体だけは非常に花を咲かせた。五六七会が花を咲かせた。そうして、五六七会が散らした。ですから事件の動機といのは、五六七会が起した。これから実を結ぶというのは、やはり五六七会がやらなければならない。これから、実を結ぶという時期になります。ですから、体ですね。体の働きですね。それから、天国会は霊の働きです。これからは、中島さんも霊界で活動します。そこで霊、体の力が出ますから、要するに伊都能売の力ですね。ちょうどその時期になったので、それを知らせたんです。ですから、これからは教団のいろいろな形も違ってきます。どう違うかというと、非常に発展していく、拡がっていく。

　これで、いろいろ精（くわ）しく話すると……なかなかいろんなことがありますが、だいたいはいまお話したようなのです。ちょっとあれはどういうわけなんだという、いろいろな疑問が起ったようですが、それはいま言ったような、神様のほうの御経論によって、いろいろわけがあるんです。例えてみれば、こんなにお陰があって……だんだんお陰が

ひどく大きくなっていく。病気も早く治り、感謝する人なども、前からみると非常に違ってきている。病気が早く治って、違ってきている。感謝が強いですからね。その割に発展しないんです。おかしいですね。それはなんだ、というと、いま言ったように緯のほうが休んでいたからで、これから緯の働きが始まりますから、なるほどということになっていく。ですから、これからは経でもいけなければ、緯でもいけない。伊都能売ですね。そういうふうになっていく。だから、やる人も、どこまでも伊都能売式でやらなければならない。教団全部がそうなるんです。以前のように天国会と五六七会が一つの対立するような系統のものができて、ああなったというのは、これはやはりしかたがないんです。それが世界の型なんです。で、型ということは、よく言いますが、そういうことも、世界の型をやっている。つまり、東洋文化と西洋文化ですね。それが、いままで別々だったんですね。東洋はどこまでも精神的に、西洋はどこまでも物質的と、両方偏っていた。これから、それが結ぶんですが、その前に救世教が結んで、それが世界的になるんです。ですから、いわばこっちは、その模型をやっている。

　また、地上天国の模型なんていうのは、そういうわけなんです。将来世界はこうなる。というその一番始まりをやっているわけです。教団のいまの型も、世界の型をやっている。いずれ世界は結ぶんです。神様が経論しているんですから、その頭をもって見れば判ります。

出典：岡田茂吉全集編集委員会編1998『岡田茂吉全集』講話篇5、岡田茂吉全集刊行委員会：pp.60-64.

第5章

表5-1　一元化以後略年表

西暦	和暦	日にち	出来事
1966	昭和41	3月15日	川合輝明、管長（代表役員、後の総長）に就任（～69年4月1日）。光映教会が離脱。
1969	昭和44	5月23日	顧問制を廃止、三好康之顧問が退陣する。「教主は世界救世教の教統を伝承するものであって、本教の象徴とする」との新規則を定める。
1970	昭和45		外事対策委員会設置。松本明重が委員長に就任。秀明教会ら4教会が離脱。
1971	昭和46	4月10日	全国教会長会議が行われ、新理事会が発足。川合輝明が再び総長になる（「中興の維新」）。
		10月5日	光明神殿御本座祭において「教区制実施決意宣言」が発表される。
		12月23日	教祖生誕祭において「地区制推進大会」が開かれる。
1972	昭和47	3月	一元化反対グループの執行部批判が表面化する（「6教会問題」）
		11月20日	一元化を達成。独立採算制だった全国63の教会が本部に吸収合併を達成。神成教会他1教会が離脱。
1973	昭和48		県本部設立。隆光教会他2教会が離脱。
1975	昭和50	5月1日	地区本部制を実施。
1980	昭和55	1月	松本明重、「教団の私物化」、「リベート取得」問題が表面化し、退陣。
		2月29日	中村力、松本康嗣副総長に就任。
1982	昭和57		教祖生誕百年。
		1月	MOA美術館開館。
		3月	川合、総長を辞任。新たに中村力が総長就任。
1984	昭和59	5月25日	責任役人会（最高意思決定機関）で中村総長を解任。「6億円株式投資疑惑」（58年暮）。教団正常化委員会、水晶世界建設を推進する会が発足。
		6月	教主、双方に和解を勧める。中村解任は白紙に。
		7月1日	新生協議会を発足。
		10月31日	責任役員会において中村を解任（→松本康嗣総長代務）。中村グループは教団護持委員会を発足。→法廷論争、中村敗訴
		12月17日	松本（康）が総長に就任。
1985	昭和60		立教50年。教主斎、代表者になる宣言をして全国を巡教。松本（康）総長、教規、規則、規定の改正を目指すが失敗。
		8月	木川調査委員会が報告書を提出（金銭疑惑の解明）。川合、教主に「お詫び書」を提出して謹慎。
1986	昭和61	2月	レオナルド・ダ・ビンチの絵画をめぐり19億円融資事件（執行部）。
		3月	川合グループ、再建運動本部を設置。
		4月	松本総長解任決議（中野隆昭の「地位確認」民事訴訟、昭和63年2月24日静岡地裁が棄却）。中野（川合）派、教団総本部事務所を占拠（18日）、松本（康）派、救世会館を押さえる。新生教団推進本部を旗揚げ（19日）。教主「完全中立」を宣言し、熱海の本部を離れる。
		8月31日、9月5日	MOA商事プラザ売店の経営権を巡って流血の乱闘事件。
1988	昭和63	7月29日	静岡地裁沼津支部が、中野隆昭に対して肩書使用禁止の仮処分を下す。
		8月24日	松本総長任期（3年）が切れる。松本派執行部は再び松本を総長に指名（同22日）するが、教主は教団が分裂していることを理由に「認証」（教団規則）を与えなかった。
		9月27日	教主、「教団和平を願って立ち上がる」というメッセージを資格者・信徒に流す。
		10月8日	「教団和平祈願参拝」（於箱根仙石郷一再建派）に教主出座（信徒の前に現れたのは二年半ぶり）。この後、資格者合同平和祈願参拝（12月）、立春祭（2月）に出座（いずれも再建派）。
		10月28日	教主、和解を求める声明文を発表（川合・吉岡康治と連名）。「教主の意に添うべく努力を誓って進めてくれる人を認証する」との宣言。
		11月10日	吉岡新総長（教主の義兄）を選出。教主は即日、認証書を交付。中村博（中村力実弟）、岡田陽一（後の教主）、再建派の責任役員（常任理事）に参入。
		12月27日	松本（康）総長代務の登記が法務局に受理。
1989	平成元年	2月6日	静岡地方法務局熱海出張所で、松本（康）が「総長代務者」登記。
		6月15日	教主、地上天国祭（於箱根光明神殿）に出座。MOAグループ総裁、MOA美術館名誉館長（いずれも再建派）に就任。
		7月	参院選で再建派、新生派はそれぞれ候補者（自民党それぞれ新人、現職）を擁立、再建派の議員が初当選（比例名簿順位は再建派8位、新生派21位）。
		8月31日	中野隆昭の任期満了にともない、川合、教主の認証を受け再び総長に就任。
1990	平成2	10月	川合に職務執行停止の仮処分。
		9月10日	教主、松本総長を「破門」。
1992	平成4	9月	再建側で宗家会議を開催。岡田陽一が4代教主に就任。
1993	平成5	3月	自然農法国際研究開発センターをめぐる訴訟（一審沼津地裁）で、いづのめ教団側が勝訴。
1996	平成8		この頃より和解の話し合いがはじまる。
2001	平成13		3派の和解が成立。包括法人世界救世教の元に東方之光（再建派）、世界救世教いづのめ教団（新生派）、世界救世教之光教団（護持派）が被包括。
2010	平成22		3派合同を見送り、包括一被包括関係の堅持を決議。共同プロジェクト推進本部を解散。

参考文献

赤池憲昭（1978）「教団としての宗教――教団類型論を中心として」『講座宗教学 第3巻　秩序への挑戦』東京大学出版会：pp.159-229.

有賀喜左衛門（1967）「公（おおやけ）と私（わたくし）――義理と人情」『有賀喜左衛門著作集IV　封建遺制と近代化』未来社：pp.187-277（初出；「義理と人情――公と私」古川哲史ほか編（1955）『現代道徳講座』第3巻、河出書房：pp.104-131）.

麻生鋭（1961）『中島一斎先生――その信仰と生涯』熱海商事株式会社.

文化庁編（2009）『宗教年鑑　平成21年版』ぎょうせい.

Cowan, Douglas E. and David G. Bromley（2008）*Cults and New Religions : A Brief History,* Blackwell Publishing Ltd.（= 2010, 村瀬義史訳『カルトと新宗教――アメリカの8つの集団・運動』キリスト新聞社）.

大日本観音会編纂（1935）『病貧争絶無の世界を造る観音運動とは何？』東光社.

出口栄二（1970）『大本教事件』三一書房.

出口ナオ著・村上重良校注（1979a）『大本神諭　天の巻』平凡社.

出口ナオ著・村上重良校注（1979b）『大本神諭　火の巻』平凡社.

出口王仁三郎（1979）『霊界物語』1～72、大本教典刊行会.

出口王仁三郎（1994）『王仁蒙古入記』あいぜん出版（原著は1925年出版）.

Durkheim, Émile（1912）*Les formes élémentaires de la vie religieuse: le système totémique en Australie,* Paris: Félix Alcan.（= 2014, 山﨑亮訳『宗教生活の基本形態――オーストラリアにおけるトーテム体系』上、筑摩書房）.

Frazer, James G.（1925）*The Golden Bough, A Study in Magic and Religion;* Abridged Edition: Macmillan.（= 1966, 永橋卓介訳『金枝篇』一、岩波書店）.

藤井健志（1993）「台湾における日系新宗教の展開（2）――世界救世教の場合」『東京学芸大学紀要』第2部門人文科学、第44集：pp.13-22.

普賢大圓（1952）「世界救世教」勧学寮編『新興宗教解説』百華苑：pp.391-415.

現代宗教研究所編（1967）『救世主教』フェイス出版.『光』号外、1949年5月30日.

ほんみち教義部（1972）『ほんみち概観　改訂版』ほんみち教義部.

法音寺広報委員会編著（1978）『御開山上人伝――如我等無異』日蓮宗法音寺.

法音寺広報委員会編著（2005）『御開山上人伝　泰山』第三話、日蓮宗法音寺.

Hsu, Francis L. K.（1963）Clan, Caste, and Club, D. Van Nostrand.（= 1971, 作田啓一・浜口恵俊訳『比較文明社会論――クラン・カスト・クラブ・家元』培風館）.

Hubbard, L. Ron（1950）*Dianetics : The Modern Science of Mental Health,* Bridge Publications.（『ダイアネティックス―心の健康のための現代科学』ニュー・エラ・パブリケーションズ・ジャパン）.

Hubert, Henri et Marcel Mauss, 1904, *Esquisse d'une théorie générale de la magie,* L'année sociologique, (VII:1902-03): 1-146.（＝ 1950, 有地亨・伊藤昌司・山口俊夫訳「呪術の一般理論の素描」『社会学と人類学Ⅰ』弘文堂, 47-217）.

井門富二夫（1972）『世俗社会の宗教』日本基督教団出版局.

井門富二夫（1973）「チャーチ、セクト、デノミネーション」小口偉一・堀一郎監修『宗教学辞典』東京大学出版会：pp.540-545.

池田昭編（1977）『ひとのみち教団不敬事件関係資料集成』三一書房.

井村宏次（1984）『霊術家の饗宴』心交社.

井村宏次（1998a）「日本における近代医学と岡田茂吉（1）」『岡田茂吉研究26（岡田茂吉全集　講話篇　第5巻付録)』：pp.1-18.

井村宏次（1998b）「日本における近代医学と岡田茂吉（2）」『岡田茂吉研究27（岡田茂吉全集　講話篇　第6巻付録)』：pp.1-12.

井上恵行（1969）『宗教法人法の基礎的研究』第一書房.

井上順孝・孝本貢・対馬路人・中牧弘允・西山茂編（1996）『新宗教教団・人物事典』弘文堂.

いのうえせつこ（1988a）「手かざしで社会浄化？――世界救世教・崇教真光」『主婦を魅する新宗教』谷沢書房：pp.163-202.

いのうえせつこ（1988b）「神にすがって安心なの――大山祇命神示教会」『主婦を魅する新宗教』谷沢書房：pp.237-278.

乾孝・小口偉一・佐木秋夫・松島栄一（1955）「世界メシヤ教」『教祖――庶民の神々』青木書店：pp.171-206.

石井研士（1981）「日系新宗教における青年層の受容――世界救世教と真如苑の事例を中心に」柳川啓一・森岡清美編『ハワイ日系人社会と日本宗教』東京大学宗教学研究室：pp.159-166.

石坂隆明（2006）『信解』宗教法人みろく神教.

岩松栄（1985）『一厘の神魂』エムオーエー商事.

岩崎武（1994）『世界救世教裁判を批判する』創樹社.

神奈川新聞社編（1986）『神は降りた――奇跡の新宗教大山祇命神示教会』神奈川新聞社.

金子久平（1989）『明主様に仕えて五十年』世界救世教出版部.

樫尾直樹編（2000）『現代日本社会の宗教性／霊性の研究Ⅰ――世界救世教①』慶応義塾大学文学部社会学専攻樫尾研究室.

樫尾直樹編（2001）『現代日本社会の宗教性／霊性の研究Ⅱ――世界救世教②』慶応義塾大学文学部社会学専攻樫尾研究室.

警視庁東京府（1930）『警視庁東京府公報』第615号、警視庁東京府.

経済企画庁編（1956）『昭和31年度経済白書——日本経済の自立と近代化』至誠堂．
小池健治・西川重則・村上重良編（1978）『宗教弾圧を語る』岩波書店．
小島伸之（2008）「特別高等警察による信教自由制限の論理——皇道大本とひとのみち教団「不敬事件」の背後にあるもの」『宗教と社会』第14号：pp.69-86．
國學院大學日本文化研究所編（1994）『神道事典』弘文堂．
厚生省大臣官房企画室編（1956）『厚生白書　昭和31年度版——国民の生活と健康はいかに守られているか』東洋経済新報社．
厚生省医務局編（1976）『医制百年史　記述編』ぎょうせい．
小鷲和久編（1986）『別冊現代宗教——世界救世教第二の創業に向けて』南斗書房．
隈元正樹（2007）「新宗教の組織化——世界救世教の一元化を事例として」『東洋大学大学院紀要』第44号：pp.19-43．
隈元正樹（2008）「浄霊の『奇跡』と『想念の実践』による天国化」東洋大学社会学部西山研究室『現代日本における人生問題の解釈と解決に関する宗教戦略の比較研究（平成18-19年度科学研究費補助金基盤研究（C）研究成果報告書）』：pp.95-105．
熊沢義宣（1980）「プロテスタント教会における教会行政の諸形態」『宗務時報』52：pp.1-13．
倉野憲司校注（2007）『古事記』岩波書店．
共同プロジェクト推進本部 広報プロジェクト編『大経綸』第3号、2002年2月4日．
共同プロジェクト推進本部 広報プロジェクト編『大経綸』第4号、2006年6月15日．
共同プロジェクト推進本部 広報プロジェクト編『大経綸』第9号、2009年1月1日．
共同プロジェクト推進本部 広報プロジェクト編『大経綸』第12号、2010年10月1日．
Malinowski, Bronislaw（1948）*Magic, Science and Religion, and Other Essays.*（= 1997, 宮武公夫・高橋厳根訳『呪術・科学・宗教・神話』人文書院）．
丸山実（1986）『改革を選択した世界救世教——教主と信徒パワーの再出発』21世紀書院．
松本明重（1975）『志道花心録　第二巻　救世救人の心』日本民主同志会本部．
松本明重（1987）『何をしている世界救世教』恒友出版．
松本健一（1989）『神の罠——浅野和三郎、近代知性の悲劇』新潮社．
松岡秀明（2004）『ブラジル人と日本宗教——世界救世教の布教と受容』弘文堂．
McGuire, Meredith B.（2002）*Religion: The Social Context* (5th edition), Wadsworth: Thomson Learning Company.（= 2008, 山中弘・伊藤雅之・岡本亮輔訳『宗教社会学』明石書店．）
宮永國子（1980）「現代に生きる憑依と憑抜の論理——世界真光文明教団の場合」宗

教社会学研究会編『宗教の意味世界』雄山閣出版：pp.117-138．
宮田登・荒木美智雄（1993）「現代のフォーク・レリジョンと救世教（下）」『岡田茂吉研究5』（岡田茂吉全集　詩歌篇　第5巻付録）』：pp.1-17．
三好康之（1970）『世界救世教の実態――医療拒否とその裏面』（非売品）．
文部省（1952）『宗教要覧』文部省．
文部省（1954）『宗教便覧』文部省．
文部省宗務課（1951）『宗教年報　昭和25年版』財団法人文教協会（『宗教集覧』3、クレス出版、2005年に所収）．
森岡清美（1978）『真宗教団と「家」制度 増補版』創文社．
森岡清美（1980）「宗教運動の展開過程」『宗務時報』No.50: pp.1-9．
森岡清美（1981a）「宗教組織――現代日本における土着宗教の組織形態」『組織科学』15-1: pp.19-27．
森岡清美（1981b）「現代巨大教団にみる構造改革――導き系統制から地区ブロック制へ」千葉乗隆博士還暦記念会編『日本の社会と宗教』同朋舎出版：pp.729-749．
森岡清美（1989）『新宗教運動の展開課程――教団ライフサイクル論の視点から』創文社．
森岡清美（2005）『真宗教団における家の構造［増補版］』御茶の水書房．
村上重良（1963）『近代民衆宗教史の研究［増訂版］』法蔵館．
村上重良（1970）『国家神道』岩波書店．
村上勇人ほか（2003）「自然食とスピリチュアリティ」大谷栄一編『現代日本のスピリチュアリティの研究』（日本大学文理学部哲学科2002年度現代思想演習II報告書）：pp.85-122．
内閣官報局（1889a）『明治5年　法令全書』（国立国会図書館・近代デジタルライブラリー http://kindai.ndl.go.jp/info:ndljp/pid/787952、2012年9月20日閲覧）．
内閣官報局（1889b）『明治6年　法令全書』（国立国会図書館・近代デジタルライブラリー http://kindai.ndl.go.jp/info:ndljp/pid/787953、2012年9月20日閲覧）．
内閣官報局（1912a）『明治41年　法令全書』（国立国会図書館・近代デジタルライブラリー http://kindai.ndl.go.jp/info:ndljp/pid/788059、2012年10月17日閲覧）．
内閣官報局（1912b）『明治44年　法令全書』（国立国会図書館・近代デジタルライブラリー http://kindai.ndl.go.jp/info:ndljp/pid/788077、2012年9月22日閲覧）．

日本佛教研究会編（1970）『日本宗教の現世利益』大蔵出版．
日本観音教団『光』号外、1949 年 5 月 30 日．
日本観音教団編（1950）『救世』第 48 号、2 月 4 日．
西山松之助（1982）『西山松之助著作集第 1 巻　家元の研究』吉川弘文館（初出；『家元の研究』校倉書房、1959 年）．
西山茂（1987a）「教団組織者のリーダーシップ——立正佼成会創立者・庭野日敬の場合」『組織科学』21-3：pp.43-51．
西山茂（1987b）「奇跡と相談で伸びた若草色の宗教」『月刊アーガマ』第 76 号：pp.82-91．
西山茂（1988）「現代の宗教運動——〈霊＝術〉系新宗教の流行と「2 つの近代化」」大村英昭・西山茂編『現代人の宗教』有斐閣：pp.169-210．
西山茂（1990a）「運動展開のパターン」井上順孝・孝本貢・対馬路人・中牧弘允・西山茂編『新宗教事典』弘文堂：pp.55-63．
西山茂（1990b）「組織の多様性」井上順孝・孝本貢・対馬路人・中牧弘允・西山茂編『新宗教事典』弘文堂：pp.132-137．
西山茂（1995）「新宗教の特徴と類型」東洋大学白山社会学会編『日本社会論の再検討——到達点と課題』未来社：pp.147-168．
西山茂（2005a）「日本の新宗教研究と宗教社会学の百年——実証研究の成果と課題を中心に」『宗教研究』343 号：pp.195-225．
西山茂（2005b）「鈴木修学とその教団——内棲型「実行の宗教」の軌跡」西山茂・秦安雄・宇治谷義雄著『福祉を築く——鈴木修学の信仰と福祉』中央法規：pp.5-56．
西山茂（2011）「杉山辰子とその教団——法華系新宗教研究史の『失われた環』の発見」西山茂・小野文珖・清水海隆著『大乗山法音寺の信仰と福祉』仏教タイムス社：pp.9-53．
西山茂（2012）「新宗教における教団危機の克服方法」『中央学術研究所紀要』第 41 号：pp.18-34．
西山茂（2013）「日本宗教の教団組織論——組織類型とその決定要因」『中央学術研究所紀要』第 42 号：pp.2-18．
日蓮宗大乗山法音寺編（2012）『大乗山法音寺三徳開教百年史（1）』山喜房佛書林．
Niebuhr, H. R.（1929）*The Social Sources of Denominationalism*, Henry Holt and Co.（=1984, 柴田史子訳『アメリカ型キリスト教の社会的起源』ヨルダン社）．
小笠原真（1986）『二十世紀の宗教社会学』世界思想社．
岡田茂吉（1947）『天国の福音』（非売品）．

岡田茂吉（1948）「妙智之光（一）」『地上天国』創刊号、1948年12月1日：pp.6-9．

岡田茂吉（1949）『信仰雑話』日本観音教団．

岡田茂吉（1950a）「巻頭言」『地上天国』第12号、1950年1月20日：p.3．

岡田茂吉（1950b）「自観申す」『地上天国』第12号、1950年1月20日：pp.20-21．

岡田茂吉（1994a）「善言讃詞」岡田茂吉全集編集委員会編『岡田茂吉全集』著述篇1、岡田茂吉全集刊行委員会：pp.5-6（初出；『東方の光』第3号、1935年2月23日）．

岡田茂吉（1994b）「私の歩んだ信仰生活」岡田茂吉全集編集委員会編『岡田茂吉全集』著述篇1、岡田茂吉全集刊行委員会：pp.11-16（初出；『宇宙』1930年11月1日）．

岡田茂吉（1994c）「大光明世界の建設――本部発会式席上に於ける会主仁斎先生の御話」岡田茂吉全集編集委員会編『岡田茂吉全集』著述篇1、岡田茂吉全集刊行委員会：pp.27-40（初出；『光明世界』創刊号、1935年2月4日）．

岡田茂吉（1994d）「大光明世界の建設」岡田茂吉全集編集委員会編『岡田茂吉全集』著述篇1、岡田茂吉全集刊行委員会：pp.41-53（初出；『光明世界』第2号、1935年3月4日）．

岡田茂吉（1994e）「大光明世界の建設」岡田茂吉全集編集委員会編『岡田茂吉全集』著述篇1、岡田茂吉全集刊行委員会：pp.54-64．

岡田茂吉（1994f）「日本医術講義録　第一篇」岡田茂吉全集編集委員会編『岡田茂吉全集』著述篇1、岡田茂吉全集刊行委員会：pp.181-221（初出；『日本医術講義録』第一篇、1935年）．

岡田茂吉（1994g）「観音講座　第二講座　宗教の根源と救世主の出現」岡田茂吉全集編集委員会編『岡田茂吉全集』著述篇1、岡田茂吉全集刊行委員会：pp.242-257（1935年7月25日）．

岡田茂吉（1994h）「観音講座　第四講座　神幽現三界の実相」岡田茂吉全集編集委員会編『岡田茂吉全集』著述篇1、岡田茂吉全集刊行委員会：pp.275-287（1935年8月15日）

岡田茂吉（1994i）「観音講座　第六講座　日本と外国の使命」岡田茂吉全集編集委員会編『岡田茂吉全集』著述篇1、岡田茂吉全集刊行委員会：pp.304-322（1935年9月5日）．

岡田茂吉（1995a）「二十一世紀」岡田茂吉全集編集委員会編『岡田茂吉全集』著述篇6、岡田茂吉全集刊行委員会：pp.109-121（初出；『二十一世紀』1948年）．

岡田茂吉（1995b）「奇跡物語」岡田茂吉全集編集委員会編『岡田茂吉全集』著述篇6、

岡田茂吉全集刊行委員会:pp.320-342（初出；『自観叢書』第4篇、1949年）．
岡田茂吉（1995c）「花による天国化運動」岡田茂吉全集編集委員会編『岡田茂吉全集』著述篇7、岡田茂吉全集刊行委員会:pp.103-105（初出；『光』第8号、1949年5月8日）．
岡田茂吉（1995d）「神示の健康」岡田茂吉全集編集委員会編『岡田茂吉全集』著述篇7、岡田茂吉全集刊行委員会:pp.163-172（初出；『光』号外、1949年5月30日）．
岡田茂吉（1996a）「直感の哲学」岡田茂吉全集編集委員会編『岡田茂吉全集』著述篇8、岡田茂吉全集刊行委員会：pp.15-17（初出；『自観叢書』第12篇、1950年1月30日）．
岡田茂吉（1996b）「一つの神秘」岡田茂吉全集編集委員会編『岡田茂吉全集』著述篇8、岡田茂吉全集刊行委員会：pp.694-696（初出；『栄光』第83号、1950年12月20日）．
岡田茂吉（1996c）「浄霊法変わる」岡田茂吉全集編集委員会編『岡田茂吉全集』著述篇8、岡田茂吉全集刊行委員会：pp.706-707（初出；『栄光』第84号、1950年12月27日）．
岡田茂吉（1996d）「私の名称に就いて」岡田茂吉全集編集委員会編『岡田茂吉全集』著述篇9、岡田茂吉全集刊行委員会:pp.470-471（初出；『栄光』第121号、1951年9月12日）．
岡田茂吉（1996e）「結核信仰療法──現代医学の根本的誤謬を正す」岡田茂吉全集編集委員会編『岡田茂吉全集』著述篇10、
岡田茂吉全集刊行委員会：pp.45-89（初出；1952年12月1日）．
岡田茂吉（1996f）「宗教と病院」岡田茂吉全集編集委員会編『岡田茂吉全集』著述篇10、岡田茂吉全集刊行委員会：pp.676-678（初出；『栄光』第181号、1952年11月5日）．
岡田茂吉（1996g）「東方の光」岡田茂吉全集編集委員会編『岡田茂吉全集』著述篇10、岡田茂吉全集刊行委員会：pp.682-685（初出；『栄光』第182号、1952年11月12日）．
岡田茂吉（1996h）「天国の福音書」岡田茂吉全集編集委員会編『岡田茂吉全集』著述篇12、岡田茂吉全集刊行委員会:pp.18-171（初出；1954年8月25日）．
岡田茂吉（1997a）「御講話（1938年1月26日）」岡田茂吉全集編集委員会編『岡田茂吉全集』講話篇1、岡田茂吉全集刊行委員会：p.205．
岡田茂吉（1997b）「療術師組合結成式　祝辞（1946年11月3日）」岡田茂吉全集編集委員会編『岡田茂吉全集』講話篇1、岡田茂吉全集刊行委員会：p.273．
岡田茂吉（1998a）「中島氏帰幽に関するお言葉（1950年2月）」岡田茂吉全集編集委員会編『岡田茂吉全集』講話篇3、岡田茂吉全集刊行委員会：pp.345-

346.
岡田茂吉（1998b）「御教え集2号」岡田茂吉全集編集委員会編『岡田茂吉全集』講話篇4、岡田茂吉全集刊行委員会：pp.477-564（初出；『御教え集』第2号、1951年10月25日）．
岡田茂吉（1999）「明主様御言葉（1954年6月5日）」岡田茂吉全集編集委員会編『岡田茂吉全集』講話篇12、岡田茂吉全集刊行委員会：p.8.
岡田茂吉全集編集委員会編（1994）『岡田茂吉全集』著述篇2、岡田茂吉全集刊行委員会．
岡田茂吉全集編集委員会編（1995）『岡田茂吉全集』著述篇5、岡田茂吉全集刊行委員会．
岡田茂吉全集編集委員会編（1996）『岡田茂吉全集』著述篇7、岡田茂吉全集刊行委員会．
岡田茂吉全集編集委員会編（1997）『岡田茂吉全集』講話篇1、岡田茂吉全集刊行委員会．
岡田茂吉全集編集委員会編（1998）『岡田茂吉全集』講話篇3、岡田茂吉全集刊行委員会：pp.543-546.
奥武則（1988）『蓮門教衰亡史——近代日本民衆宗教の行く末』現代企画室．
小野豊明（1977）「カトリック教会の本質と参加的条件」『組織科学』11-2: pp.32-42.
大本七十年史編纂会編（1964）『大本七十年史』上巻、大本．
大本七十年史編纂会編（1967）『大本七十年史』下巻、大本．
大谷栄一編（2003）「自然食とスピリチュアリティ」『現代日本のスピリチュアリティの研究——気功、アロマテラピー、自然食、メディアの事例』（日本大学文理学部哲学科2002年度現代思想演習II報告書）：pp.85-121.
大家重夫編（1984a）「世界救世教損害賠償時効事件」『宗教関係判例集成3』第一書房：pp.260-265.
大家重夫編（1984b）「世界救世教対みろく神教宗教活動差止請求事件」『宗教関係判例集成3』第一書房：pp.355-361.
大家重夫編（1985a）「世界救世教隆光教会代表役員地位保全事件」『宗教関係判例集成5』第一書房：pp.103-136.
大家重夫編（1985b）「世界救世教博愛教会代表役員地位保全事件」『宗教関係判例集成5』第一書房：pp.137-154.
霊界廓清同志会編（1928）『破邪顕正　霊術と霊術家』二松堂書店（吉永進一編『日本人の身・心・霊——近代民間精神療法叢書』8、クレス出版、2004年に所収）．
霊友会（1999）『子どもに未来を手わたそう』霊友会．
Robertson, Roland（1970）*The Sociological Interpretation of Religion,* Basil Blackwell.（= 1983, 田丸徳善監訳『宗教の社会学——文化と組織としての宗教理解』川島書店）．

阪本是丸（1990）「法と新宗教」井上順孝・孝本貢・対馬路人・中牧弘允・西山茂編『新宗教事典』弘文堂：pp.462-486．（「概説」は井上順孝と共著）
世界救世教『栄光』第67号、1950年8月30日．
世界救世教『栄光』第94号、1951年3月7日．
世界救世教『栄光』第896号、1971年5月11日．
世界救世教『栄光』第923号、1972年2月11日．
世界救世教『栄光』第928号、1972年4月1日．
世界救世教『栄光』第929号、1972年4月11日．
世界救世教『栄光』第930号、1972年4月21日．
世界救世教『栄光』第953号、1972年12月11日．
世界救世教『栄光』号外、1972年8月15日．
世界救世教『栄光』号外、1972年9月21日．
世界救世教『栄光』第1643号、1992年2月11日．
世界救世教『地上天国』150号、1962年2月1日．
世界救世教『地上天国』269号、1972年2月1日．
世界救世教『地上天国』274号、1972年7月1日．
世界救世教『地上天国』287号、1973年8月1日．
世界救世教編（1964）『祈りの栞』エムオーエー商事．
世界救世教伝道史編纂委員会編（1995）『渋井總斎伝　御用の人』世界救世教出版部．
世界救世教編集委員会編（1988）『教団の新生を求めて』世界救世教．
世界救世教いづのめ教団編（1990a）『たまのいずみ』（信仰篇）世界救世教いづのめ教団．
世界救世教いづのめ教団編（1990b）『たまのいずみ（伝導篇）』世界救世教いづのめ教団．
世界救世教いづのめ教団編（1993）『天国の礎　宗教』上・下、世界救世教いづのめ教団．
世界救世教いづのめ教団教典編纂委員会編（1990a）『たまのいずみ（信仰実践篇）』世界救世教いづのめ教団．
世界救世教いづのめ教団教典編纂委員会編（1990b）『たまのいずみ（祈りと浄霊）』世界救世教いづのめ教団出版部．
世界救世教教団史編纂委員会編（1986）『明主様と先達の人々』世界救世教．
世界救世教教祖伝編纂委員会編（1993）『景仰』世界救世教いづのめ教団．
世界救世教教典編纂委員会編（1990）『たまのいずみ（青年篇）』、世界救世教出版部．
世界救世教新生教団推進本部事務局編（1987）『世界救世教　新生への方向を探る』南斗書房．
世界救世教主之光教団「世界救世主之光教団パンフレット」発行年未詳．

世界救世教特別調査委員会（1986a）『調査報告書（その一）』世界救世教特別調査委員会．

世界救世教特別調査委員会（1986b）『調査報告書（その二）』世界救世教特別調査委員会．

島崎謙治（2012）「国民皆保険とその前史の成立過程に関する覚書」『青山法学論集』第 53 巻第 4 号：pp.87-116．

島薗進（1982）「カリスマの変容と至高者神話――初期新宗教の発生過程を手がかりとして」中牧弘允編『神々の相克』新泉社：pp.51-77．

島薗進（2003）「脚気と近代日本国家」『〈癒す知〉の系譜――科学と宗教のはざま』吉川弘文館：pp.72-87．

清水雅人（1973）「世界救世教（メシヤ）系教団群の誕生」『日本の宗教』創刊号、東洋堂出版：pp.67-76．

清水雅人（1994）「神慈秀明会――徹底した明主様信仰と街頭布教」清水雅人編『新宗教時代』2、大蔵出版：pp.177-221．

神慈秀明会教学室編・編集室編（1984）『飛天』豊和商事．

新カトリック大事典編纂委員会編（1998）『新カトリック大事典』第 2 巻、研究社．

塩原勉・日置弘一郎（1989）『日本の組織 13 伝統と信仰の組織』第一法規．

Storm, Rachel（1991）*In Search of Heaven on Earth,* Bloomsbury Publishing, Ltd.（＝ 1993, 高橋巌・小杉英了訳『ニューエイジの歴史と現在――地上の楽園を求めて』角川書店）．

鈴木広（1963）「都市下層の宗教集団――福岡市における創価学会」上、『社会学研究』22（東北社会学研究会）：pp.81-102．

鈴木広（1964）「都市下層の宗教集団――福岡市における創価学会」下、『社会学研究』24・25（東北社会学研究会）：pp.50-90．

鈴木範久（1973）「創唱宗教」小口偉一・堀一郎監修『宗教学辞典』東京大学出版会：p.506．「宗教団体法」（1939 年、井上恵行（1969）『宗教法人法の基礎的研究』第一書房：pp.555-563 に所収）．

「宗教法人法」（1951 年、井上恵行（1969）『宗教法人法の基礎的研究』第一書房：pp.569-604 に所収）．

「宗教法人令」（1945 年、井上恵行（1969）『宗教法人法の基礎的研究』第一書房：pp.564-569 に所収）．

宗教法人世界救世教編（1994）『東方之光』上・下（改訂版）、世界救世教出版部．

田原由紀雄（2004）『東本願寺三十年紛争』白馬社．

武田道生（1983）「蓮門教の崩壊過程の研究――明治宗教史における蓮門教の位置」『日本仏教』第 59 号：pp.23-41．

武田道生（1989）「「万朝報」による蓮門教攻撃キャンペーン」『国学院大学日本文化研究所紀要』第63号：pp.67-176.

武田道生（1991）「「万朝報」による蓮門教攻撃キャンペーン（2）」『神道宗教』第144号：pp.74-96.

武井順介（2006）「信者はいかにして宗教を選択するのか――宗教選択の合理性に着目して」川又俊則・寺田喜朗・武井順介編『ライフヒストリーの宗教社会学――紡がれる信仰と人生』ハーベスト社：pp.57-77.

竹沢尚一郎（1995）「タイの世界救世教」坂井信生・竹沢尚一郎編『西日本の新宗教運動の比較研究2』九州大学文学部比較宗教学研究室：pp.105-121.

滝泰三（1956）「世界メシヤ（救世）教」『神々多忙――新宗教教祖列伝』新夕刊新聞社：pp.181-201.

田邉信太郎（1997）「浄霊と我が国の代替療法（1）――医と健康に関する知の展開」『岡田茂吉研究22（岡田茂吉全集　講話篇　第一巻付録）』：pp.1-18.

田邉信太郎（1998）「浄霊と我が国近代の代替療法（2）――療術の盛衰と霊気療法」『岡田茂吉研究23（岡田茂吉全集　講話篇　第二巻付録）』：pp.1-20.

田中守平（1916）『太霊道及霊子術講授録』上下、太霊道本院出版局（1988年、山雅房から復刻）.

種田博之（1998）「＜世界救世系教団＞におけるEM(Effective Micro-organisms)論争の領域仮説」『関西学院大学社会学部紀要』第80号：pp. 119-130.

谷富夫（1993）「新宗教青年層における呪術性と共同性――崇教真光を事例として」『アカデミア　人文・社会科学編』（南山大学）第57号：pp.149-271.

寺田喜朗・塚田穂高（2007）「教団類型論再考――新宗教運動の類型論と運動論の架橋のための一試論」『白山人類学』第10号：pp.1-20.

Thomas, Keith（1971, 1980）*Religion and the Decline of Magic*, George Weidenfeld & Nicolson, Ltd.（= 1993, 荒木正純訳『宗教と魔術の衰退』上・下、法政大学出版局）.

『地上天国』創刊号、1948年12月.

Tillich, P（1956）*Dynamics of Faith*, George Allen & Unwin.（= 1961, 谷口美智雄訳『信仰の本質と動態』新教出版社）.

東方之光教団「パンフレット　明主様の『奥津城』について」発行年未詳.

東洋大学大学院西山ゼミ浄風会調査プロジェクト編（2005）『純粋在家主義運動の展開と変容――本法会・浄風教会の軌跡』東洋大学社会学部西山研究室.

Troeltsch, Ernst（1912）*Die Sozialllehren der christlichen Kirchen und Gruppen*,（= 1988-2002, 東京都立大学トレルチ研究会訳『法学会雑誌』29-2～43-1）.

塚田穂高（2015）「浄霊医術普及会＝世界浄霊会――浄霊普及、神意としての選挙戦」

『宗教と政治の転轍点――保守合同と政教一致の宗教社会学』花伝社.
対馬路人（1990）「世界救世教の影響」井上順孝・孝本貢・対馬路人・中牧弘允・西山茂編『新宗教事典』弘文堂：pp.85-88.
対馬路人・西山茂・島薗進・白水寛子（1979）「新宗教における生命主義的救済観」『思想』岩波書店，665: 92-115.
津城寛文（1990a）『鎮魂行法論――近代神道世界の霊魂論と身体論』春秋社.
津城寛文（1990b）「教師の資格と役割――世界救世教」井上順孝・孝本貢・対馬路人・中牧弘允・西山茂編『新宗教事典』弘文堂：pp.175-176.
宇田進・鈴木昌・蔦田公義・鍋谷堯爾・橋本龍三・山口昇編（1991）『新キリスト教辞典』いのちのことば社.
上野圭一監修・有岡眞編著（2005）『代替療法ナビ』筑摩書房.
梅原正紀（1970）「世界救世教（メシヤ）＝岡田茂吉　地上天国への幻想的リアリズム」佐木秋夫・鈴木宗憲・梅原正紀・猪野健治・西村謙介『五大教祖の実像――霊友、佼成、PL、メシヤ、生長の内幕』八雲井書院：pp.205-246.
梅原正紀（1980a）「大本光之道――"宗教の撲滅""医学の撲滅"」梅原正紀・水野義之『秘儀と霊能の世界――新宗教の底流をさぐる』紀尾井書房：pp.63-78.
梅原正紀（1980b）「救世真教――観音の心をもって生きる」梅原正紀・水野義之『秘儀と霊能の世界――新宗教の底流をさぐる』紀尾井書房：pp.115-131.
梅原正紀・福岡甲兒（1985）『世界救世教の新生を求めて――信仰の原点から探る』南斗書房.
臼井史朗（1961）「地上天国の2乗教――世界救世教（メシヤ）」『ありがたき神々』三一書房：pp.139-166.
宇津木義郎編（1925）『神遺方』神遺方刊行会（2002年、八幡書店から復刻版発行）.
渡邊楳雄（1950）「世界救世教（メシヤ）とその系統の諸教団――お光さま＝もとの日本観音教団こと」『現代日本の宗教』大東出版社：pp.209-253.
渡辺勝市（1985）『つちかいの道《私の信仰百話》』第二巻、現代出版社.
渡辺雅子（2001）「世界救世教――浄霊の「奇跡」と育成システム」『ブラジル日系新宗教の展開――異文化布教の課題と実践』東信堂：pp.283-344.
Weber, Max（1920）*Die protestantische Ethik und der »Geist« des Kapitalismus,* Gesammelte Aufsätze zur Religions soziologie, Bd.1, SS.17-206.（= 1989, 大塚久雄訳『プロテスタンティズムの倫理と資本主義の精神』岩波書店）.
Weber, Max（1922）*Zweiter Teil, Kapitel V. Religions soziolgie,* Wirtschaft und Gesellschaft.（= 1976, 武藤一雄・薗田宗人・薗田坦訳『宗教社会学』創文社）.
Wilson, Bryan（1970）*Religious sects,* George Weidenfeld and Nicolson Ltd.（= 1972, 池

田昭訳『セクト――その宗教社会学』平凡社).
山根幸一先生顕彰会(1994)『山根幸一先生』山根幸一先生顕彰会.
安丸良夫(1987)『出口なお』朝日新聞社.
安丸良夫(1979)『神々の明治維新』岩波書店.
Yinger, J. Milton (1970) *The Scientific Study of Religion,* Macmillan. (= 1989, 金井新二訳『宗教社会学Ⅰ　宗教社会学の方法』ヨルダン社).
万朝報刊行会編(1984)『万朝報』6～8、日本図書センター.
吉野航一(2009)「沖縄における「EM(有用微生物群)」の受容――公的領域で語られたEM言説を中心に」『宗教と社会』第15号：pp.91-105.

参考URL
カトリック中央協議会ホームページ http://www.cbcj.catholic.jp/jpn/index.htm（最終閲覧日2012年10月5日).
キリスト教科学ホームページ http://christianscience.com/japanese/christian-science（最終閲覧日2012年12月25日).
MOAインターナショナルホームページ http://www.moainternational.or.jp/index.html（最終閲覧日2012年10月2日).
日本正教会ホームページ http://www.orthodoxjapan.jp/（最終閲覧日2012年10月5日).
世界救世教いづのめ教団ホームページ http://www.izunome.jp/（最終閲覧日2017年7月16日).
総務省法令データベース http://law.e-gov.go.jp/cgi-bin/strsearch.cgi（最終閲覧日2012年9月22日).

あとがき

　本書は2013年、東洋大学大学院社会学研究科に提出した博士論文「療術系新宗教の教団組織論的研究――イエモト推戴的連合教団・世界救世教の形成過程」に若干の加筆修正を行ったものである。提出から既に5年が過ぎようとしている。改めて博士論文の未熟さを痛感し、大幅な加筆修正を行いたいと考えていた。そのための資料も集まったのだが、この間にも世界救世教にはさまざまな展開があり、まとめるにはまた時間がかかりそうなため、いったん発刊することにした。機会が許されれば、大幅に改訂したものを世に問いたいと思う。

　最後にあたり、私的なことを記すことを許していただきたい。私は、2000年、東京学芸大学教育学部国際理解教育課程日本研究専攻に入学した。それまで、宗教にとくに関心を持っていたわけではなかったが、そこで宗教学の藤井健志先生と出会い、宗教（研究）の面白さに目覚めた。藤井先生には研究のいろはを丁寧にご指導いただき、博士論文の外部副査もお引き受けいただいた。学芸大学の同期には現在新進気鋭で活躍されている塚田穂高さん、先輩には当時、東洋大学大学院に在籍されていた寺田喜朗さん（現・大正大学）がおり、お二人には、ゼミ、研究会等で、研究の作法や情報をたくさん教えていただいた。学芸大学はゼミ活動が非常に活発で、宗教社会学ゼミで多くの先輩、なかま、後輩らとともにテキストの輪読、研究発表、合宿での教団訪問等を行い、切磋琢磨した。

　卒業論文で世界救世教の自然農法運動をテーマとしたことが、世界救世教との出会いだった。2003年頃のことである。それ以来、多くの救世教の関係者にお世話になってきた。

　修士論文では、世界救世教の一元化を研究したが、それが本書のもととなった。

　東洋大学大学院博士後期課程に進学し、西山茂先生に宗教社会学の指導をいただいた。西山研究室では、小島伸之さん（現・上越教育大学）、大西克明

さん（現・東洋哲学研究所）など先輩、後輩に恵まれ、社会調査を一緒に行う中で、調査法を一から学ばせていただいた。また、西山先生のご紹介によって、日蓮宗法音寺の研究を行った。博士論文執筆に至るまでには紆余曲折あったが、初心に戻って世界救世教の組織化でまとめた。副査には、社会調査の専門家である島崎哲彦先生、人類学の植野弘子先生（いずれも東洋大学）にご指導いただいた。

博士課程在学中は、公益財団法人国際宗教研究所・宗教情報リサーチセンターの研究員を務めた。センター長の井上順孝先生（國學院大学）にご指導いただき、他大学の研究員の皆さんと交流し、共同研究プロジェクトも行うなどお世話になった。関西学院大学の對馬路人先生には、世界救世教や、分派教団の資料をお借りした。

2013年に、東洋大学大学院を卒業し、公益財団法人新日本宗教団体連合会（新宗連）に就職した。研究職ではないが、職務を通じて、多くの宗教教団、宗教者の皆様に日々、宗教とは何か教えていただく機会に恵まれた。世界救世教は新宗連の創立教団の一つでもあり、元事務局の清水雅人先生にお話を聞くことができた。

以上にお名前を挙げた方以外にも多くの方々のご指導ご協力により本書は発行できた。名前をお一人お一人挙げることはできないが、ここに記して厚く御礼申し上げます。

また、ハーベスト社の小林達也さんには、無名な若手のあまり売れる見込みのないこのような学術書の出版をお引き受けいただき、作業でもご迷惑ばかりおかけした。誠にありがとうございました。

本研究にあたっては、もちろん世界救世教関係者の皆様にご協力いただいた。教団の組織、とりわけ分派や分裂を扱う研究で、教団にとってはあまり触れて欲しくないところであったにもかかわらず、ご理解ご協力をいただいた。

世界救世教は今再び揺れている。このような時期にこの本を出すことに躊躇もあったが、私は救世教や岡田茂吉教祖、救世の信者の方々が好きで、必ず良い方向に向かうことを念願している。

最後に、私を育て、私の生き方を尊重してくれた母みどりと、学生時代よりいつも側で支え、励ましてくれた妻の瞳子に、本書を捧げます。

　　　2018年2月

　　　　　　　　　　　　　　　　　　　　　　　　隈 元 正 樹

＊本書は、東洋大学井上円了記念研究助成による刊行費の助成を受けた

索引（50音順）

- イエモト官僚
  97、114、118、125、128、133、135、140、141、147、148、150、151
- 一元型＜←一元的＞
  19、21、55、68、97、104、106、113、116、137、140、145、147、148、149、151
- （世界救世教）いづのめ教団
  →新生派
- 大沼（光彦）
  85、95、101、110、115、121、123、130、164
- おひかり＜←お守り、御守り＞
  34、40、41、44、50、53、78、82、85、104、108、146
- 教区制
  →地区制
- 形而上学
  12、15、24、26、43、44、46、60、64、65、66、67、69、89、136、145、146、147、149、150
- 系統型＜←系統的＞
  19、21、97、102、148
- 護持派＜←護持委員会、主之光教団＞
  9、30、31、128、129、131、132、136、137、138、139、141、143、146
- 再建派＜←東方之光＞
  9、30、31、46、126、128、129、130、131、132、133、134、135、136、137、138、141、142、143、145、149
- 渋井（總斎）
  82、83、85、86、93、95、101、104、121、129、132、133、142、164、168、169
- 宗教的イエモト
  21、22、30、40、97、106、117、139、145、147、149、150
- 呪的宗教＜←霊術系宗教＞
  8、9、12、13、14、15、22、25、27、29、46、55、56、61、68、69、145、147、149、150、151
- 新生派＜←いづのめ教団＞
  9、30、31、46、54、120、126、127、128、129、130、131、132、133、134、135、136、137、138、139、141、142、143、145、149
- （世界救世教）主之光教団
  →護持派
- 世界救世（メシヤ）教＜←メシヤ教＞
  23、30、37、39、97、98、101、102、117、119、131、147、168
- 大成会＜←大成分会、大成大教会、神成教会＞
  85、95、101、102、109、115、123、129、130

索　引

・大日本観音会
　　23、29、34、37、38、41、44、52、57、71、77、78、79、95
・地区制＜←教区制＞
　　103、107、108、109、110、111、114、115、147
・中間組織
　　7、21、97、103、149、150
・天国会〈←天国（大）教会〉
　　82、85、87、101、102、104、105、109、110、119、120、129、130、131、167、
　　168、169、170
・東方之光（教団）
　　→再建派
・中親
　　19、20、30、82、88、148、149、150
・中島（一斎）＜←中島（多計彦）＞
　　78、82、85、90、104、119、120、129、130、132、133、164、169
・中村（力）
　　110、123、125、128、131、141、142
・日本観音教団
　　23、29、34、36、41、57、58、59、72、83、84、85、86、87、89、95、101、
　　102、104、115、131、146、164
・松本明重＜←松本（明）＞
　　110、113、114、115、120、122、123、124、125、130、133、141、147
・松本康嗣＜←松本（康）＞
　　110、119、120、123、128、129、131、132、133、134、141、142
・五六七会＜←（日本）五六七教（会）、五六七大教会＞
　　59、85、86、87、88、89、95、101、102、103、109、113、129、130、131、133、
　　146、167、168、169、170
・メシヤ
　　35、37、39、46、51、52、102、104、105、117、138、143、147、148、149、168
・元親
　　19、20、21、82
・療術系（新）宗教＜←療術系＞
　　7、9、14、20、22、29、30、35、45、55、60、61、64、67、68、69、88、113、
　　136、140、145、146、149、151
・霊術系宗教
　　→呪的宗教
・連合型
　　19、20、21、22、27、30、137、140、145、148、149、150、151

191

著者略歴

隈元正樹（くまもと・まさき）

1981 年、鹿児島県生まれ。
2004 年、東京学芸大学教育学部卒業。
2013 年、東洋大学大学院社会学研究科博士後期課程修了。
現在、公益財団法人新日本宗教団体連合会（新宗連）本部事務局員。
主な業績は「近現代の仏教における慰霊と顕彰——聖将山東郷寺の創建と展開を事例として」（『近代仏教』第 17 号、2010 年）、「新聞報道の中のオウム真理教」（井上順孝責任編集『情報時代のオウム真理教』春秋社、2011 年）、「現代日本のモノ供養——新聞報道による鳥瞰と大学生意識調査から」（『中央学術研究所紀要』第 42 号、2013 年）。

療術から宗教へ（りょうじゅつからしゅうきょうへ）——
世界救世教の教団組織論的研究

　　発　行——2018年2月28日　第1刷発行
　　定　価——定価はカバーに表示
Ⓒ著　者——隈 元 正 樹
　発行者——小 林 達 也
　発行所——ハーベスト社
　　　〒 188-0013　東京都西東京市向台町 2-11-5
　　　電話　042-467-6441
　　　振替 00170-6-68127
　　　http://www.harvest-sha.co.jp
印刷・製本　㈱平河工業社
落丁・乱丁本はお取りかえいたします。
Printed in Japan
ISBN978-4-86339-094-2 C1036
Ⓒ KUMAMOTO Masaki, 2018

本書の内容を無断で複写・複製・転訳載することは、著作者および出版者の権利を侵害することがございます。その場合には、あらかじめ小社に許諾を求めてください。
視覚障害などで活字のまま本書を活用できない人のために、非営利の場合にのみ「録音図書」「点字図書」「拡大複写」などの製作を認めます。その場合には、小社までご連絡ください。